朝日新書
Asahi Shinsho 675

中学の教科書から学ぶ

経済学サク分かり

菅原　晃

朝日新聞出版

はじめに～中学・高校の教材を学べば、トンデモ経済論は出てきません

世の中にある経済論の本、経済学の体裁をとっている本には、本当にでたらめな〝トンデモ論〟が跋扈《ばっこ》しています。経済学を学んでいない〝自称〟経済学者の本ならまだしも、中には「エコノミスト」とか「経済評論家」と呼ばれる人の本さえそうなのですから、めまいがしそうです。

例えば、それらの本の中では、こんな「経済常識」がまことしやかに語られています（なぜ間違いなのかについては、本書各ページで解説しています）。

・貿易黒字は黒字だからもうけ、貿易赤字は、赤字だからソンだ（P41）
・輸出で外貨を稼ぎ、輸入でその外貨を使っている。だから貿易黒字でなければならない（P48）
・世界の人口増・紛争を考えると、万一のために食料自給率を高めるべきだ（P147）
・日本の借金は、1000兆円もあり、一般家庭なら破産同然だ（P77）

これらはすべてトンデモ論です。詳細は本文で解説していきますが、ここでは「貿易赤字はその国のGDPを減らし、雇用を奪うのか?」ということについて、さわりだけ説明してみましょう。

トランプ大統領の誤り

一国の経済の大きさを表すGDP（国内総生産）は、次の式で表されます。

GDP+輸入≡家計消費+企業投資+政府支出+輸出

（「≡」は、「どんな場合でも等しい」という意味を表す「恒等式」の記号です）

チリのワイン、ロシアのキャビア、エルメスのバッグ、BMWの高級自動車、ハリウッド映画……これら世界からの輸入品は、日本にとっての供給の一部です。日本における本当の総供給財です。ただし、これらを除かないと、日本国内で生産された財・サービスを導き出すことができません。そこで、GDPを算出する場合は輸入を下辺に移行し、（輸出－輸入）としているのです。

この式（GDP＋輸入＝家計消費＋企業投資＋政府支出＋輸出）において、「輸入が増える（貿易赤字になる）とGDPが減る」が成立するためには、「下辺を一定にすると」という、トンデモ仮定を置かなければなりません。

私たちは誰もが「豊かさ」を求めています。「豊かさ」とは、財・サービスの購入が増えることを示します。あなたの生活において、財・サービスを生産して売ることは「輸出」、消費は「輸入」と同じです。つまり日常生活では「輸出は手段」であって、「輸入こそが目的」です。

ところが国際貿易になると、とたんに「輸出が目的、輸入は手段」と、意味が180度逆転してしまいます。「貿易黒字はトク、稼ぎ、もうけ」「貿易赤字はソン、富の流出」となってしまうのです。

アメリカのドナルド・トランプ大統領は2018年3月には、米国が「不公正な貿易」に悩まされているので、国内の産業を後押しするとして、輸入鉄鋼・アルミニウムに追加関税を導入しました。

トランプ大統領は貿易赤字は米国のソンだと考えています。しかしこれは、経済学的には完全な誤りです。中学校の教科書でも、次のように正確に記述されています。

東京書籍『新編 新しい社会 公民』平成27年度 P145

人々の生活を向上させるためには、輸出を拡大するとともに、輸入を増やしていくことが必要です。輸出を増やしても、輸入を最低限に切りつめるべきだと考えるのは、収入は増やしても、食料品、衣服、電気製品などへの支出はおさえた方が生活は豊かになると考えるのと同じです。貿易をめぐる国家間の争いは絶えません。一つの理由は、輸入が輸出を大幅に上回って貿易の赤字が拡大すると国が貧しくなると考えられたことです。……家計の場合……支出が収入を上回ると……その差額は借金でうめなければならないので、大幅な赤字は好ましいことではありません。しかし、貿易の場合には、赤字は企業や家計の借金になるわけではなく、……国が貧しくなるというわけではありません。

確かにアメリカの貿易赤字額は凄まじく拡大しており、「日米自動車摩擦」華やかなりし1980年当時の25倍にも及んでいます。アメリカは世界の貿易赤字の40％を占める「貿易大赤字国（！）」[*1]なのです。ところが、こんなに貿易赤字が拡大したのにもかかわらず、アメリカのGDPは、日本など足元にも及ばないほど拡大し（図表）、依然として世

日米名目 GDP（左目盛）と貿易収支（右目盛）（IMF、UNCTAD）

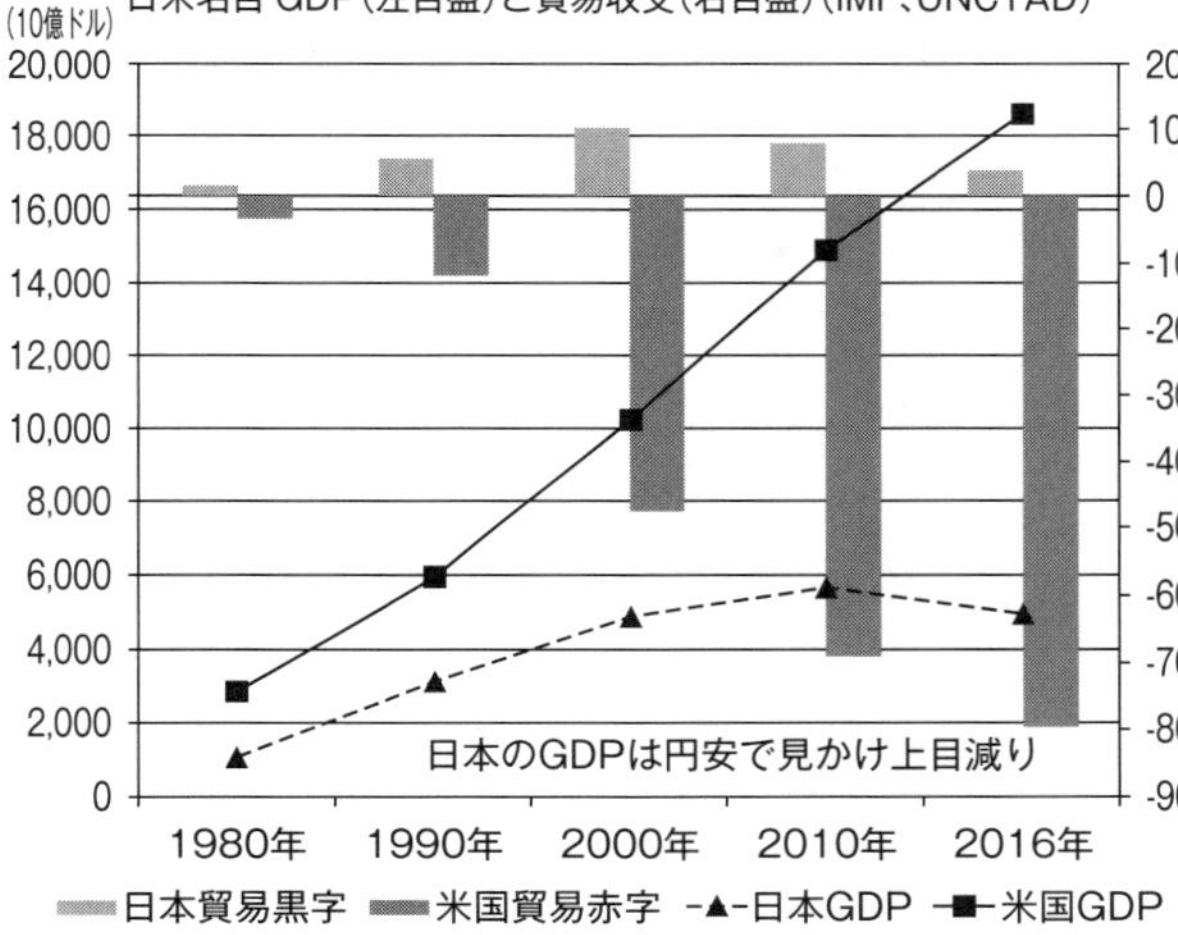

界一の経済大国です。

ここから言えることは、「貿易が赤字か黒字かなど、経済成長とは全く関係がない」ということです。

とうほう『テーマ別資料 政治・経済 2018』P173

国際収支表における「黒字」「赤字」は、企業収支のように損益を示すのではない。貿易黒字は、国内で消費されなかった財やサービスを外国が買ったということ。「貿易黒字が増えたから、経済成長する」、あるいは「経済成長したから貿易黒字が増える」、という関係はない。

むしろ、現在の国際経済（特に先進国）では、貿易赤字の方が、貿易黒字よりも望ましいのです。赤字額は、世界からのその国への投資額と1円単位で同額になります（P43参照）。つまり、アメリカが世界の貿易赤字の40％を占めているということは、世界の投資額の40％をアメリカが一手に引き受けていることと同じなのです。世界中がアメリカの銀行に預金し、アメリカ企業の株を買い、アメリカ国債に投資し、アメリカに店舗や工場を建てているのです。つまり、貿易赤字が大きくなればなるほど、アメリカの国富はますます増えているということになるのです。

とうほう『政治・経済資料 2018』P337

経常収支赤字は国内の資金不足を海外（資金余剰の国）からの資金調達で補った結果であり、貿易取引や国際金融では当たり前に起こることで、「経常収支赤字＝悪」「経常収支黒字＝善」という発想を取らない。

このように、正確な事実は、中・高の教材にすでに示されています。「お金をアメリカに貸す（投資する）と日本は黒字になり、借りた（投資された）アメリカが赤字になる」。

今は難しいかもしれませんが、この本を読んでいただければ、理解できることと思います。

＊1　実は、アメリカの貿易赤字額はＧＤＰの2〜3％程度、日本の貿易黒字額も1％程度にすぎません。翌年に1〜3％経済成長すれば、内需にすっぽりと飲み込まれてしまうほどの、わずかな額にすぎません。

この世に魔法のような理論はない

この本で伝えたい最終的な結論は、次の通りです。

東学『資料 政・経 2018』P263

経済は、供給＝需要で均衡している。……「供給＞需要」と均衡が破れた世界恐慌以後、政府による財政＋金融政策の需要側の市場介入（ケインズ革命）が全盛となる。……ただし、「財政金融政策によっては、長期的にはＧＤＰを増加させることは不可能」だ。

世界中の経済学の教科書を調べても、「ＧＤＰを増やす方法」など書いてあるものはありません。ＧＤＰは、一人一人、一社一社が生み出す付加価値の合計です。付加価値とは、

ここでは単純に書きますが、「売上－原料費＝粗利」、すなわち「もうけ」のことです。「もうけ」は日本人の所得の合計額です。

ＧＤＰを増やす方法とは、そのもうけを増やす方法ということになります。そんな魔法のような理論など、この世にはあるわけがありません。「政府支出（需要）を増やせば供給が増える」という法則があれば、途上国などあっという間に先進国になっているはずです。

この本で学ぶこと

「円高になるのはなぜ？」「世界の中央銀行が行っている金融緩和ってなに？」「金利が上がるのはどうして？」「アベノミクス[*2]はこれまでと何が違うの？」――。

こういったニュースや新聞に出てくるような話を理解するには、中高の公民科の教科書の知識があれば十分なのです。

中高の教科書は、大学で経済学を教える教授が書いています。つまり、大学の経済学で教えられている内容が、ギューッと詰まって記述されています。

この本では、中高の教科書記述の背後にある理論を学ぶことによって、「経済学とはどんなものなのか」が、分厚い教科書を始めから終わりまで読まなくても、わかるようになっています。

裏返して言えば、それらの教材はとても高度であり、いわゆる難関大学の入試問題にも対応できる内容を含んでいます。

さあ、18歳に負けないよう、政治・経済を学び直しましょう。

＊2　アベノミクスで導入された金融政策は、EUや米国も採用したように、現代の経済学理論の最前線で使われているものです。長期金利の低下、実質金利の低下（たった0・1％のインフレでも効果発生）、企業投資の回復、円安効果、資産効果、株価の上昇、失業率の改善（特に若年層の新規採用増）は、理論通りの成果を上げています（第4章）。その最先端の理論とはどのようなものか、すでに高校の教材では記述済みです。

本書の構成

「中学校学習指導要領」「高等学校学習指導要領」では、「公民科」の目標を「グローバル化時代に主体的に生きる」こととして、次のように掲げています。

中学校　ミクロ経済中心に学ぶ
高校　マクロ経済中心に学ぶ

このことを踏まえてこの本では、章を追って次のように解説を進めていくことにします。

第1章では、「グローバル化」を念頭に置きながら、国際経済のしくみ、特に貿易黒字・赤字について学びます。これらは家計や企業の黒字・赤字とは全く違うものなのですが、「黒字・赤字」という同じ言葉で表すため、「黒字はトク、赤字はソン」と、考えてしまいます。正しくは、米国から見ると「赤字は海外からのドル投資の増加」を示します。アメリカが世界一豊かなのは、アメリカが世界一の貿易赤字国（投資受け入れ国）だからです。この章ではGDPについての理解から始め、国際収支や円高・円安について学んでいきます。

第2章で扱うテーマは「国債」です。国債は「国の借金」ですが、借金とは「誰かが貸したもの」です。日本の国債は日本国民が貸したものですから、国債は政府の借金であると同時に国民の財産ということになります。「政府が借金で倒産するのか？」という問いは、杞憂《きゆう》にすぎません。

ただし、国債の発行拡大がもたらす、財政の硬直化や社会保障の危機といった問題も論じていきます。

第3章では「そもそも経済学とはどんな学問か？」という問いに立ち返って、希少性、分業と交換といった経済学的な思考の基礎を説明します。経済活動とは、端的に言って交換（トレード）活動のことです。その際に、資源（鉱物や労働力などの生産資源や時間）を、いかに無駄なく使用するか（エコ）を考えているのが経済学です。そこから需要と供給の世界、需給曲線がどのように導き出されるかといった、ミクロ経済学の分野にも立ち入っていきます。

この第3章をベースとして、第4章で、「マクロ経済学」の流れを俯瞰していきます。1929年に世界大恐慌が起こるまでの考え方では、失業は、「供給（労働者）＞需要（雇用者）」の状態ですから、市場メカニズムに任せれば価格（賃金）が下がり、失業は解消されるはずでした。ところが、デフレになっても失業は減りません。ここに登場したのが経済学の「一般理論」を提唱したケインズでした。この章では、「ケインズ革命」の始まりから、失業、好不況、財政・金融政策などの不況対策、そして「アンチケインジアン」から「アベノミクス」に連なる、マクロ経済学の流れを追っていきます。

第5章では、再び「ミクロ経済学」をテーマとして、1950年代以降の理論の精密化を見ていきます。ミクロ経済学が求める完全競争市場は、実際には存在せず、私たちは日常生活の中で常に、独占的競争市場や寡占市場といった不完全競争市場に直面しています。とくに、もっともよく見られる市場構造である寡占市場でどのような戦略を採ればよいのか？　その問いから発展した「ゲーム理論」の基礎とその応用例を学びます。

第6章では「行動経済学」の世界を見ていきます。既存の経済学とは別の視点、すなわち①選択は、かなりあてにならない「主観」によるものであること、②その選択の結果、需要・供給が作られていることを示します。感情は理性のパートナーです。

目次

第2章　国債は借金であり財産である

第4章 マクロ経済学

第5章 ミクロ経済学

第1章

GDPがわかれば国際経済のしくみが見えてくる

第1章ではまず、高校に入ってから本格的に学ぶマクロ経済で、一番最初に出てくる定義であるGDP（Gross Domestic Product=国内総生産）について扱います。1990年代以前は、GNP（国民総生産）という指標が用いられていました。ただし、GNPには、日本が持つ海外の株や債券からの配当が含まれるため、本当の国の生産量を計ることができません。そこで、GDPが使われるようになったのです。GNPは今でも、GNI（国民総所得）として残っています。

このGDP=付加価値の合計額は、生産面（誰が生産したか）から見ても、所得面（どのように分配されたか）から見ても、支出面（誰が購入したか）から見ても、同じ額になります。これを三面等価といいます。ここから貯蓄投資差額（ISバランス）が導き出されます。「モノの取引額=カネの取引額」、「借りたカネ（借金）の額=貸したカネ（債権）の額」という関係です。この関係から、「輸出=債権（日本の海外投資）増」、「輸入=債務（海外の日本投資）増」という結論が得られます。

経済学のなかでもマクロ経済だけは、基礎から学ばないと全く理解できません。常識（天動説）の範囲を超えた、目に見えない世界（地動説）だからです。日常生活のミクロ=買い物感覚で、家計・企業というミクロ主体の赤（黒）字をマクロに適用させると、トンデモ論に一直線です。

ＧＤＰ

教育出版『中学社会 公民 ともに生きる』Ｐ１５０

パン１個の価格を３００円として、そのうち２００円分が原材料費などの費用だとすると、付加価値は１００円になります。付加価値を日本全体で合計したものを国内総生産（ＧＤＰ）といい、ＧＤＰが大きくなることを経済成長といいます。

ＧＤＰとは、１年間に国内で生産された生産物の価格から、原材料などの中間生産物を引いた付加価値の合計です。付加価値とは、私たち一人一人、一社一社が額に汗して稼いだ「もうけ」の総額です。日本の場合の中間生産物と付加価値合計すなわちＧＤＰの額は、下図になります。ＧＤＰは、国連が定めたＳＮＡ（国民経済計算）と呼ばれる一連の統計に基づいており、国際比較ができるようになっています。

2016年の国内の総生産物（GDPと中間生産物）（内閣府）
日本の総産出額＝約1001.6兆円

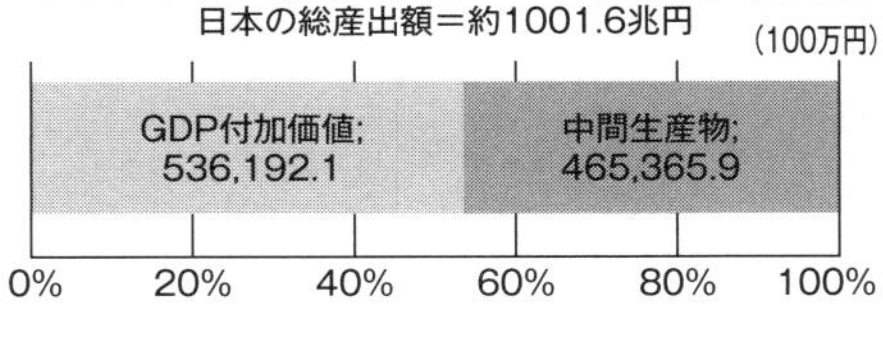

フローとストック

実教出版『最新政治・経済 新訂版』P87

GDPのように、ある一定期間の経済活動の流れをフロー、ある一時点で計測できる資産の蓄積量を、ストックという。ストックのうち、天然資源をのぞき、土地や建物など有形資産と対外純資産を合計したものを国富といい、とくに、道路、鉄道、上下水道など、人々が共通して利用するものを社会資本という。

フローであるGDPは、所得として配分されます。所得は、**税金T**を除くと、**消費C**と**貯蓄S**に回され、そのうち貯蓄が、金融機関や株式市場を通じて企業や政府の**投資I**の原資となります。貯蓄S→投資Iになります（次頁の図およびP36の「ISバランス」参照）。投資されたモノが、工場や店舗、道路や水道などのストックになります（これを「国富」といいます）。このストックを利用して次年度のGDP生産活動が行われます。

フローは一定期間内の変化量、ストックはある時点の存在量です。たとえば「時速10

0キロ」はフロー、「距離100キロ」はストックということになります。両者を比べることに意味はありません。フローの貯蓄S→投資I（ストック）であり、ストック（一度使われたカネ）をフローに回すことはできません。

国富とGDPの関係

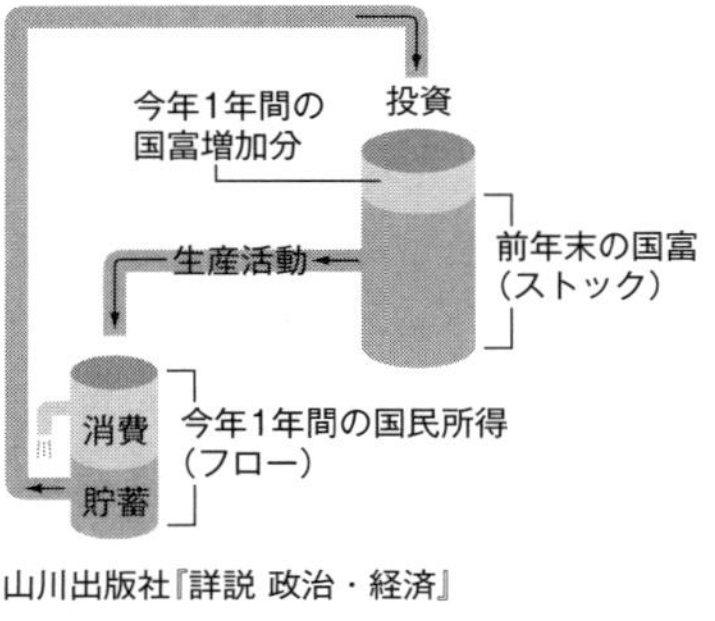

2015年末　国富 2957兆7707億円
2016年末　国富 3001兆5445億円

山川出版社『詳説 政治・経済』

名目GDPと実質GDP

東京書籍『政治・経済』P133

その年の物価で示した額面通りのGDPを名目GDP、物価変動の影響を除いたGDPを実質GDPという。

ある年に、日本のGDPが500兆円から550兆円に増えたとします。この場合、GDPの成長率は10%です。しかし、同時に物価がすべて10%上がっていたら、買えるパンやクルマの個数は全く変わっていません。つまり、GDPが10%増えても、物価が10%上がっていたら、実質的な生活は変わっていないことになります。もともとの素の値を「名目GDP」、物価の影響を除いて計算するGDPを「実質GDP」といいます。

例えばアルゼンチンでは、名目GDPが89兆（07年）→805兆アルゼンチンペソ（16年）と、9倍も成長しているように見えますが、実質GDPで見ると62兆→70兆（同）と、13%の成長しかしていません。猛烈なインフレになっているからです。

数研出版『改訂版 高等学校 現代社会』P127

経済活動の水準は同じでも、物価水準が2倍になると、名目上は経済規模が2倍となり、経済成長率は100%となる。しかし、実際の成長は0%である。経済実態を知るためには、実質経済成長率を見る必要がある。ただし、デフレーションの場合、名目経済成長率が重視されることもある。

日本は長い間、物価が下がるデフレでした。デフレ下では、給料が20万円で変化しなくても、物価が2%下がれば、実質的には2%豊かになっていることになります。つまりデフレ下では実質値>名目値になるのです。これでは実質賃金を上げたいのならデフレになればいい、となってしまいますが、これはナンセンス（!）です。

数字の上では、日本は2007年、戦後最大の豊かさを享受し

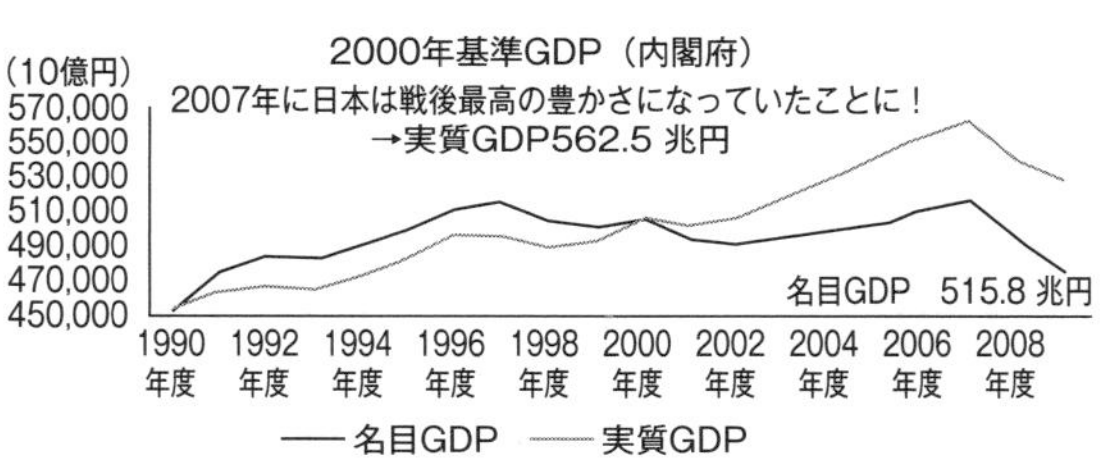

ていたことになっています。でもみなさんは納得できないはずです。デフレ下で、実質値が増えても、うれしいことは何もありません。実質値＝名目値－インフレ率ですから、借金も実質の金利が増えることになります（P200参照）。住宅ローンや自動車ローン、それに会社の借金といった負担は、デフレになると重くなるのです。

さらに自動車や薬の値段、医療技術費用、航空運賃といった世界共通に流通する商品価格は名目値です。日本の名目GDPが増えなければ、それらはどんどん高嶺の花に（つまり、日本は貧しく）なっていくことになります。デフレで「実質GDPが増えた！」「実質賃金が上がった！」と喜んではいけません。デフレでは名目値、インフレでは実質値を見なければ、本当の豊かさは表せないのです。

2011年基準GDP（内閣府）

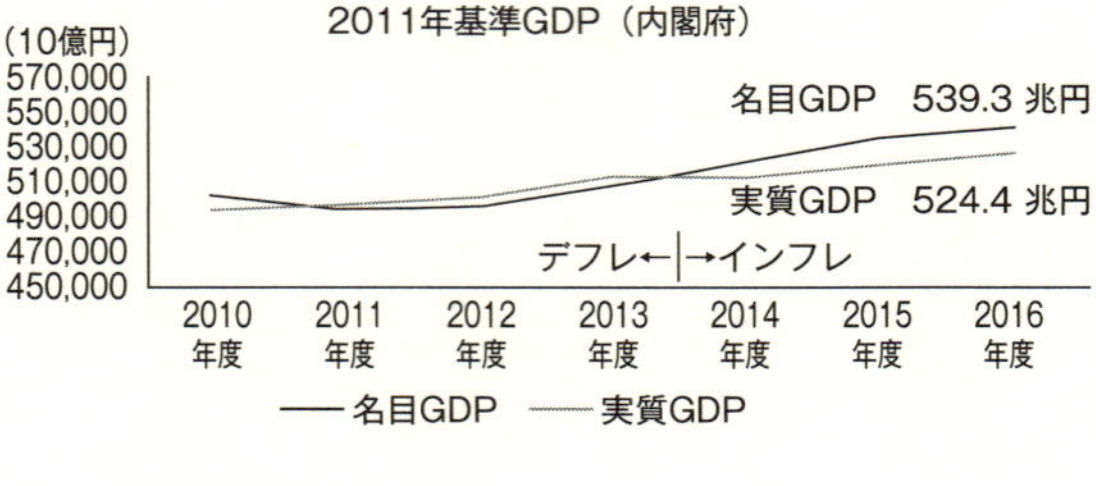

産業構造の高度化

東京書籍『政治・経済』P152－153

一般に、産業の比重が第一次産業から第二次産業、そして第三次産業へと移行していくことを**産業構造の高度化**という。第三次産業のほとんどの産業がサービスの生産を行っていることから、第三次産業の比重の高まりは**経済のサービス化**とよばれる。経済のサービス化と一体となって進行しているのが経済のソフト化である。モノ（ハード）それ自体よりも、モノを介して利用されるソフトの価値が高まっているのが経済のソフト化であり、ソフト化は情報通信などの第三次産業だけでなく、製造業、とりわけ加工組立型産業においても進んだ。

GDPが何によりどのくらい産み出されているかを示すものが、経済活動別GDPです。就業人口に占める割合で見ると、第三次産業従事者は67％（2017年）を占めています。サービス業は、作ったモノを移動して販売できる第一次・第二次産業と違い、基本的に対面で行われ、生産と消費が同時に同じ場所でしか行われないため、人口動態の影響を強く受けます。

地方に仕事がないのは、人口が減少しているからです。「経済のサービス化」の時代に、地方の衰退は必然です。

ただし、第三次産業が拡大しているからといって、製造業そのものが衰退しているわけではありません。GDP自体が増加しているので、アメリカも日本も、製造業の産出額は増加しています。アメリカ製造業の輸出額を見ると、一般機械・電気機器・輸送用機器・化学薬品などの品目で、2000年から17年にかけて増加の一途です。依然としてアメリカは、製造業大国といっていいのです。

日米製造業実質産出高（米：SA of US、日：内閣府）

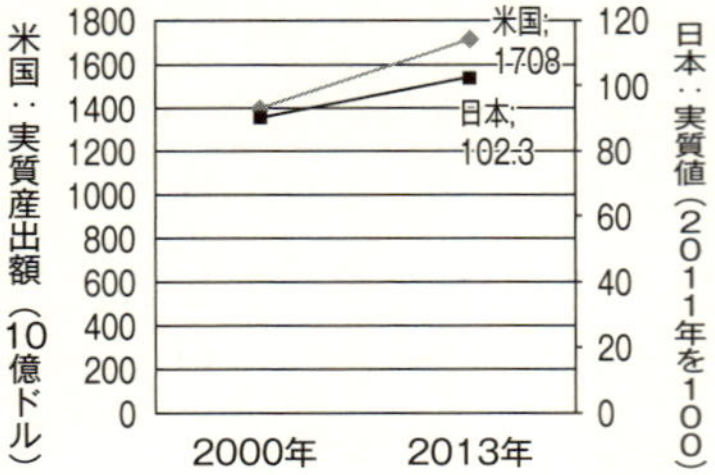

経済活動別GDP（内閣府）

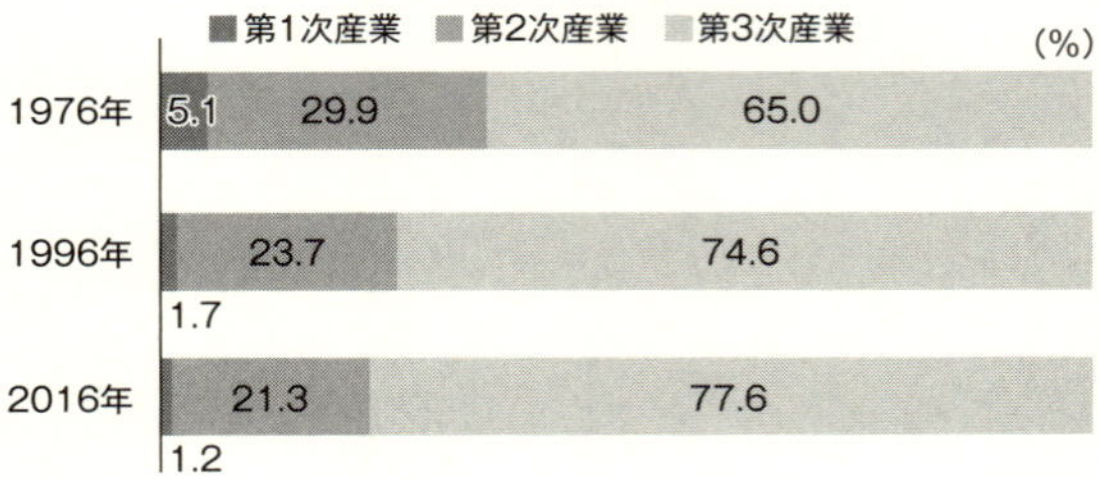

GDPの三面等価

清水書院『高等学校 現代政治・経済 新訂版』P131

内訳の分け方によってGDPの異なる側面が計測される。どのような財・サービスが生産されたかに注目した**「生産面」**、生産された価値が誰の所得となったのかに注目した**「分配面」**、生産された価値がどのような目的に使われたかに注目した**「支出面」**の3つの見方が特に重要であり、GDPの三面とよばれる。分配面で見たGDPは**国内総所得（GDI）**、支出面で見たGDPは**国内総支出（GDE）**とよばれる。この3つの側面は、GDPを異なる内訳に分けて計量しただけであり、結局は等しくなる。これを**三面等価の原則**という。

教育出版『中学社会 公民 ともに生きる』P120－121

所得のうち、**税金**や**社会保険料**を差し引いた、自由に使える部分を可処分

三面等価

国内総生産：GDP（Gross Domestic Product）

＝

国内総所得：GDI（Gross Domestic Income）

＝

国内総支出：GDE（Gross Domestic Expenditure）

所得といい、消費しなかった残りは、**貯蓄**などにまわされます。

貯蓄には、銀行預金のほか、株式や債券などの有価証券の購入、生命保険や損害保険といった保険商品の購入など、さまざまな方法があります。家計の貯蓄は、金融機関を通じて企業や政府に貸し出され、企業や政府の活動のための資金になります。

GDP（総生産・総供給）が増えるということは、私たちの使える所得も増えるということです。すなわち、GDPは、すべての日本人の所得の合計であるGDIと等しくなります。

GDIは、①消費C、②税T（社会保険含む）、③貯蓄Sの三つに分けられます。この場合の貯蓄とは、預貯金だけではなく、消費に使わなかったすべてを示し、株・社債・民間保険・タンス預金なども貯蓄に分類します。続いて、GDE（総支出・総需要）は次のようになります。

三面等価の内訳

GDP＝算出Y（Yield）

GDI＝消費C（Consumption）＋税T（Tax）
＋貯蓄S（Saving）

GDE＝（家計）消費C＋（企業）投資I（Investment）
＋政府支出G（Government）
＋（輸出EX〈Export〉−輸入IM〈Import〉）

第一学習社『最新 政治・経済資料集 新版2017』P209

経済全体でみた場合、最終的に生産された財・サービスに対しては、必ず支出（需要）がある。……経済主体は家計・企業・政府の3つであり、国内で生産されたもの（GDP）に対しては、これらの経済主体が消費または投資するか、海外に輸出している。これに加えて、輸入品に対しても経済主体が消費または投資するため、以下のような式ができる。

……

GDP＋輸入＝消費＋投資＋政府支出＋輸出

輸入を右辺（注：本書では下辺）に移動させると、

GDP＝消費＋投資＋政府支出＋（輸出－輸入）

となる。

総支出（総需要）は、家計が行う①消費、企業が行う②投資、政府による③政府支出、また、海外主体が購入する場合は、④－A輸出になります。供給には外国から輸入した財・サービスが含まれますが、GDPは「国内の総生産」なので、海外生産＝④－B輸入を控除します。

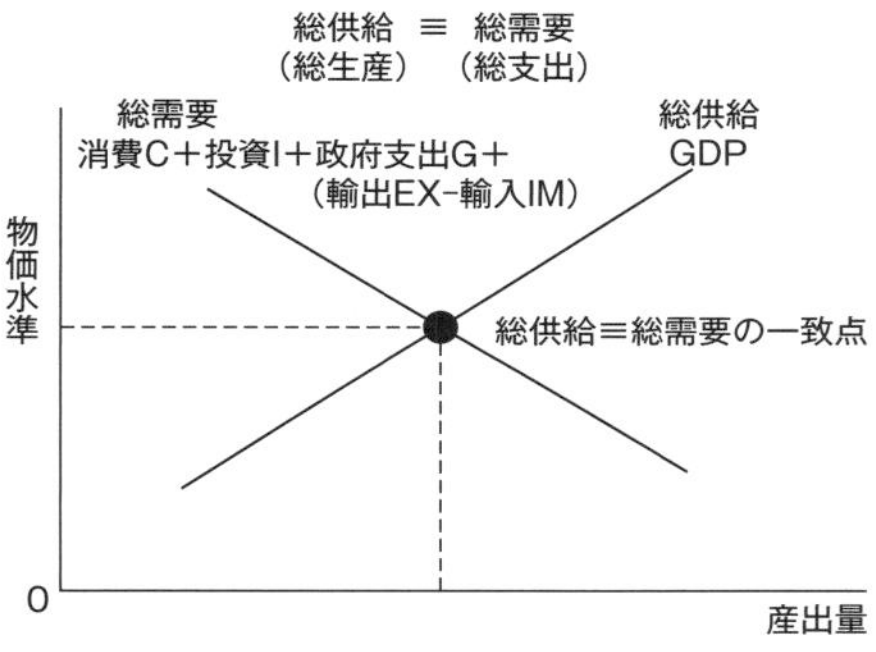

ＩＳバランス

三面等価の原則から、**ＩＳバランス（貯蓄投資バランス）式**という、マクロ経済学上たいへん大事な式が導き出されます。これを知れば、「貿易黒字はトク、貿易赤字はソン」「国債をどんどん発行して政府支出（需要側）を増やせば、日本経済は回復する」といった論が、いかにトンデモかと理解できます。

経済学は常に「複数の視点」で分析します。「需要と供給」「貯蓄と投資」「商品（財・サービス）とカネ」「債券と債務」。こういった複数の視点の大切さを示すのが三面等価とＩＳバランスです。逆にこれらを知らなければ、トランプ大統領のように一方的な見方に陥ってしまいます。

「貿易黒字（商品輸出）は日本のＧＤＰの一部を海外投資に使った（赤字国から見ると海外から投資をしてもらった）カネの輸出のこと」であり、「国債は国民１人あたり××万円の借金ではなく、××万円の財産」で

2016 年　GDP　（単位：10 億円／四捨五入誤差あり）

①生産面	GDP（＝GDI＝GDE）　538,446				
②分配面	C　299,859	T　93,437	S　145,140		
③支出面	C　299,859	G　133,372		I　99,983	
		G-T　39,936		EX-IM　5,232	

東学『資料 政・経 2018』

あることもわかります。総供給＝総需要なのですから、需要（財政赤字）を増やせば供給が増えるという因果関係などないこともわかります。戦後の日本は、引揚者を抱えるなど圧倒的な「需要＞供給」状態だったのにもかかわらず、1人あたりGNPで1955年にようやく戦前（39年）の水準を超えるまで（「もはや戦後ではない」『経済白書』）、10年もかかったのです。

前ページの表は、2016年の日本のGDPを分配面と支出面から見たものです。貯蓄Sが、企業投資I、政府の財政赤字（政府支出Gを税収Tが下回るので赤字国債発行）、国債の購入（政府への投資：G－T）、貿易黒字つまり海外投資（EX－IM）に回っていることが分かります。この投資Iと貯蓄Sの関係をISバランスと言います。

東学『資料政・経 2018』P305

①総生産＝②総所得（総分配）＝③総支出（三面等価）なので、総生産＝C＋T＋S＝C＋I＋G＋（EX－IM）となり、S＝I＋（G－T）＋（EX－IM）となる。この式は同時に2つのことを意味する。

S＝I＋（G－T）＋（EX－IM）

流れを整理してみましょう。

貯蓄主体（民間企業や一人一人の家計）

預かる主体（銀行、証券会社、民間保険会社などの金融機関）

投資（国内外の国債購入、社債購入、株式購入など）

借入主体（民間企業、国・地方自治体、外国政府、企業）

ISバランス式は、同時に二つの内容を意味します。①モノ・サービスの実物取引と②カネの貸し借り、金融取引です。

・S＝I＋（G－T）＋（EX－IM）

ここから次のことがわかります。

・「EX－IM」の部分は貿易（経常）黒字すなわち外国への投資を表す

・「G－T」の部分は公債（国債）の発行になり、政府の借金すなわち国民の財産である

（1）貸した総額＝借りた総額

①S	＝	②I	③G-T	④EX-IM
民間貯蓄		企業が借りた（投資）	政府が借りた（公債＋保険）	外国から借りた
145,140 約145兆円		99,983 約100兆円	39,936 約40兆円	5,232 約5兆円

（2）総生産の残り＝購入した主体

①S	＝	②I	③G-T	④EX-IM
民間が消費しなかった総生産の残りに相当		企業	政府	外国
145,140 約145兆円		99,983 約100兆円	39,936 約40兆円	5,232 約5兆円

東学『資料 政・経 2018』

貯蓄Sの主体と、借りた主体

貯蓄Sを供給している主体は、家計と企業です。借りている主体は、政府と外国です。企業は、本来は借りる主体のはずですが、企業全体を見ると、「企業貯蓄額＞企業投資額（借入額）」となっており、貯蓄をする主体になっています。

これは、デフレ下では実質的な金利が上がって借金の負担が増すため、新たに借金をするよりも、すでにある借金の返済や貯蓄を優先するという合理的な行動によるものです。

企業は、手持ちの現預金[*1]を増やしています。一方で、銀行の預貸率（預金のうち、貸出に回る割合）は一貫して低下しています。この差額が国債購入に回っています。

＊1　この現預金と、世間でいわれる内部留保は違います。p70参照。

貯蓄　資金の貸し借り（日銀）

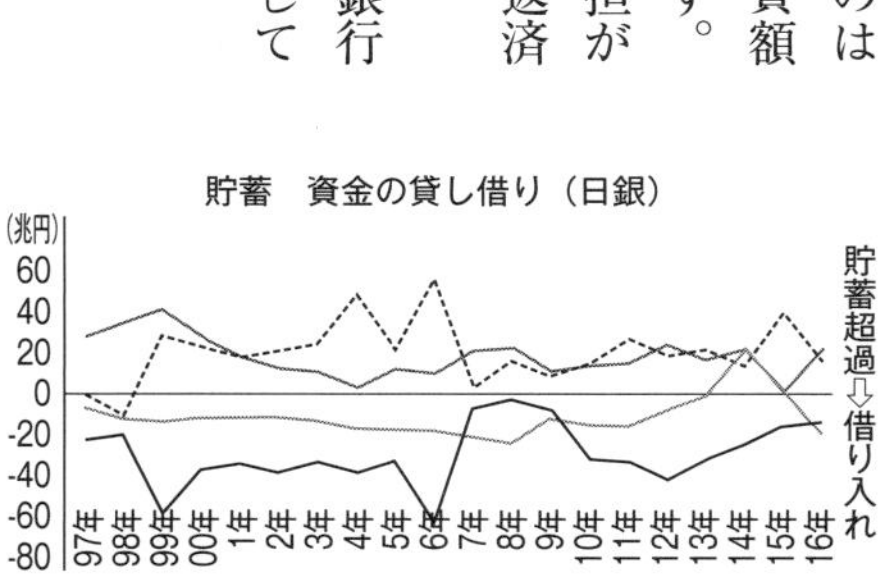

清水書院『高等学校 新政治・経済 新訂版』にデータを追加

貸した総額＝借りた総額

借りる主体は、政府・自治体（財政赤字）と、外国の政府・民間企業です。これらは貸した方から見ると投資・債権増、借りた方から見ると、負債・債務増のことです。

日本政府は、バブル経済の一時期を除き、常に借りる主体です。企業が貯蓄を増やし、その貯蓄が国債費に回っているのです。「内部留保をため込むのはけしからん」とよく言われますが、その預貯金は、「国債費」に充てられていることを考えると、批判は的外れです。貿易黒字額は日本の投資であり、日本の債権額増とは外国の負債・債務増のことです。銀行預金は、銀行にとっては債務、預金した方にとっては債権なので、貿易黒字とは、日本人の海外銀行への預金（＝債権）増、国債・社債保有増、株式増のことになります。

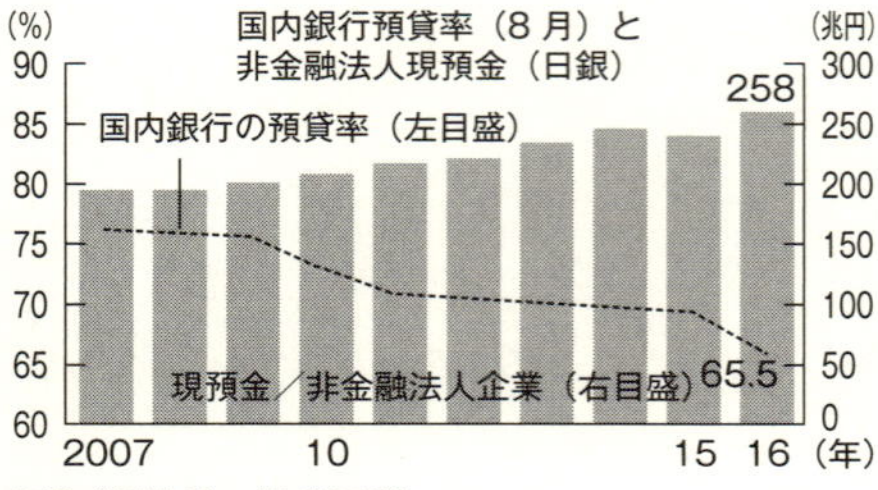

東学『資料 政・経 2018』

貿易黒字の正体

清水書院『高等学校 現代政治・経済』2013年 P154

収支が黒字であることは、国内の需要（内需）が不活発で、国民の多くが貯蓄をおこなっている……。……逆に、国内消費が活発で、国民の多くが投資をおこなうような場合……赤字となる。…収支の問題は、国際間の問題であると同時に国内における経済活動の反映でもある。

米国のトランプ大統領は「貿易黒字国はけしからん」「日本企業は米国にもっと投資しろ」と主張します。でも、トヨタが米国に投資するほど、米国の貿易赤字は膨らみます。

世界には日米の2カ国しかなく、世界GDPを「日本500兆円＋米国1000兆円」と仮定しましょう。1500兆円が、世界の総生産量＝総消費量です。このとき日本の生産500兆円（所得500兆円）のうち内需490兆円、外需10兆円であるなら、「稼いだ所得を使わないで、お金を貯めている」「生産（＝所得）するよりも消費が少ない」ということです。その製品を、外国が買ってくれているのです。

貿易黒字が発生するのは、その国がお金を使わず貯めてばかりで、代わりに外国に買わせているからだということになります。日本は余った貯蓄を海外に貸している（投資・債権）わけです。

「日本の生産500」－「日本の消費490」＝「国全体の貯蓄超過10」

「国全体の貯蓄超過（貸付・投資）」＝「貿易黒字」

逆に、貿易赤字が発生するのは、その国が所得以上に消費をして、外国から買っているということになります。所得以上に消費をするには「借金」をしなければなりません。先の仮定で、米国の生産1000兆円（所得1000兆円）に対して内需1000兆円で足らずに、さらに10兆円消費するということは、稼いだ所得より、使うお金が多いために「所得＋借金」つまり「海外からの借金（投資受入・債務）＝貿易赤字」ということです。

「米国の生産1000」－「米国の消費1010」＝「国全体の過剰消費10」

「国全体の過剰消費・投資（借金・投資受入）」＝「貿易赤字」

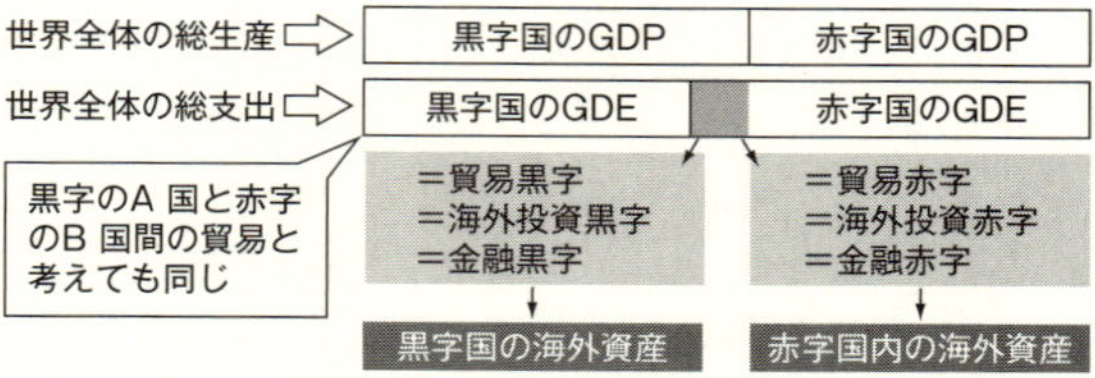

東学『資料 政・経 2015』

貯蓄超過→貿易黒字

米国が、所得以上に消費、貯蓄以上に投資ができるのは、日本から投資（米国からみると債務）をしてもらっているからです。日本は、ドル預金や米国企業株・米国債・不動産の購入などの投資をしており、これらは日本の対米資産になります。つまり、日本の貿易黒字額＝日本からの投資額（日本の海外資産額）＝米国の貿易赤字額なのです。

とうほう『テーマ別資料 政治・経済 2018』P173
「貿易黒字が増えたから、経済成長する」あるいは、「経済成長したから貿易黒字が増える」、という関係はない。

貿易黒字が大きくなるのは、国内で生産したものを国内で消費・投資しきれていないからです。言わば「総供給＞総需要」の状態です。これを「不況」と言います。だから貿易黒字は不況で増える場合さえあるのです。

逆に、好況時には貿易黒字は減る現象がみられます。日本経済の絶好調期、バブル経済時代は、貿易黒字の額自体は減少しています。「供給=需要」ですから、生産したモノ・サービスをその国内ですべて消費すれば、貿易黒字は発生しません。

貿易黒字は稼いだ所得を使わずにため込むことで発生するとも言えます。

東学『資料 政・経 2018』P371

輸出と輸入を資金の流れの面から見てみましょう。

…輸入が輸出を上回っているような経済は経済全体での消費が大きく貯蓄が少なく…海外から必要な資金を借りてきて、それを用いて現在の消費や投資を行っているのです。……アメリカが経常収支赤字で、日本が経常収支黒字なのは、それぞれの国における資金の過

リーマン・ショック前の好・不況と貿易黒字（内閣府）

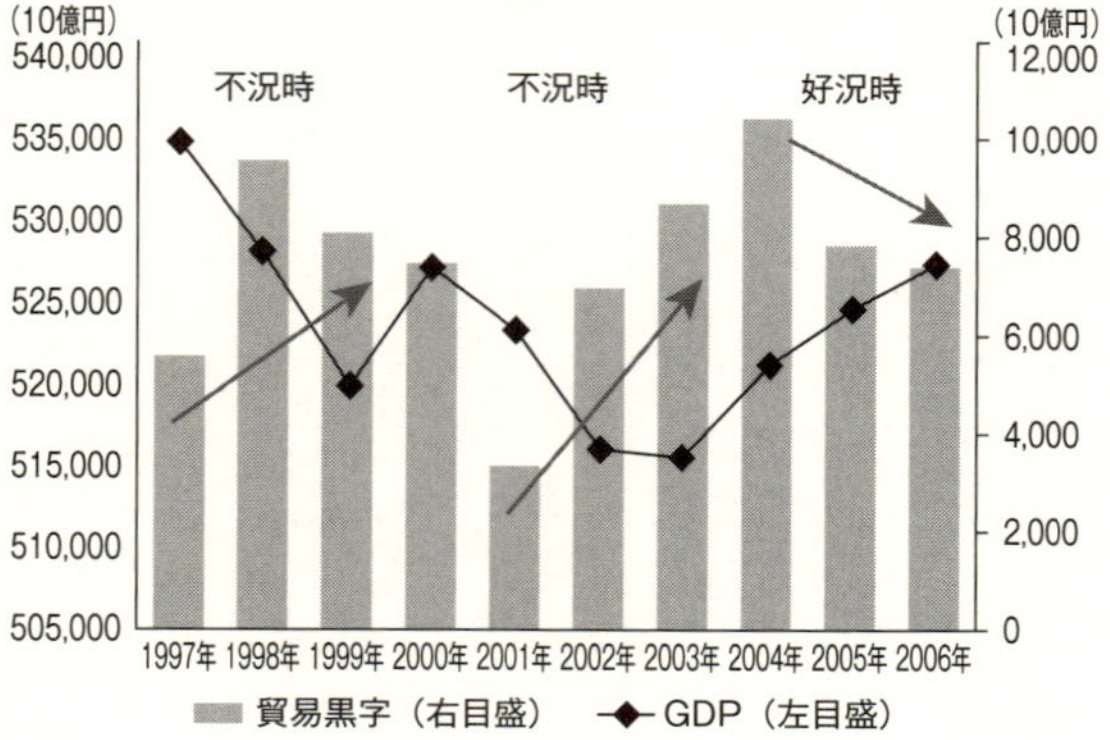

不足が原因です。…アメリカが必要としている資金を日本が資金提供したに過ぎないのです。国際的な資金過不足の調整が行われたにすぎず、それを口実に日本の政策に介入するのは少し変ではないでしょうか。

現実世界では、米国は世界の貿易赤字の40％を占めます。これは米国が、世界最大の対外債務国であることを示します。債務と投資はコインの表と裏です。米国は世界の投資の40％を一手に引き受ける投資受入大国なのです。

もっとも使い勝手のいい基軸通貨のドルやドル資産を求めて、世界中の国々が米国銀行に口座を持ち、米国債を購入し、アップルやアマゾンの株や社債を買い、米国に工場や店舗を建設します。

大事なことは、この、世界からの投資である「債

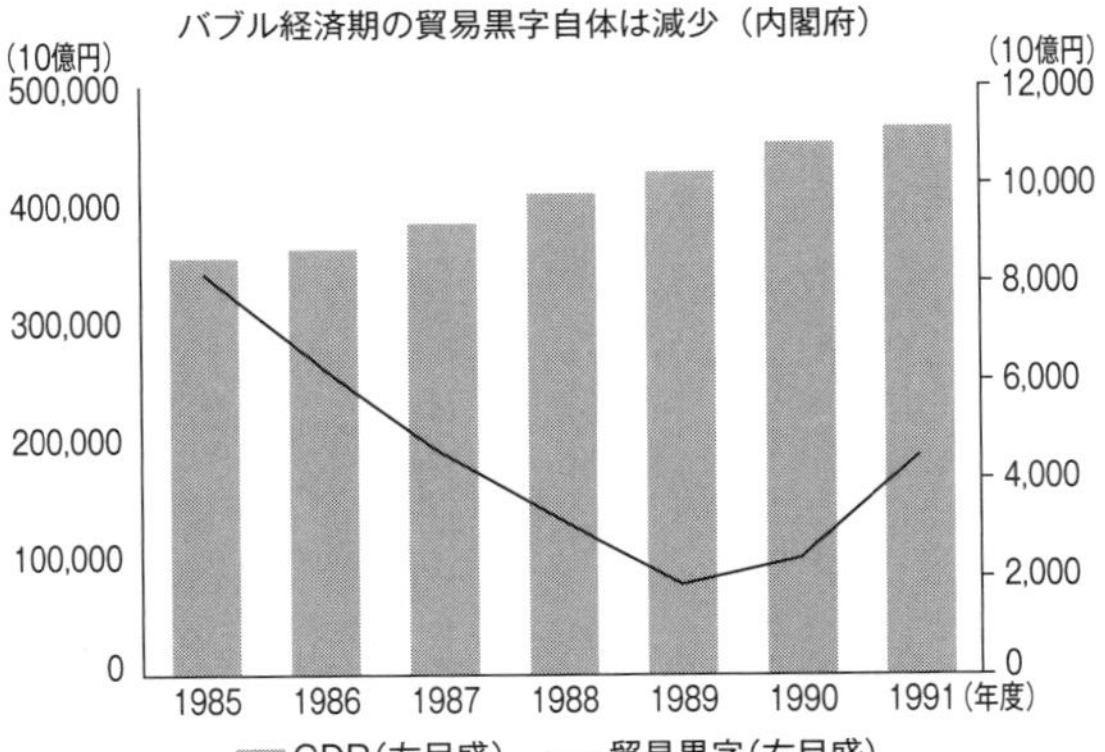

務」は、米国が将来返さなければいけない「借金」ではないということです。トヨタの工場進出、ユニクロの店舗展開、武田薬品工業の米製薬会社買収は、将来その投資を取り崩すために行っているのではありません。国内投資よりも海外投資を優先した結果です。

逆に米国は、「国内貯蓄以上の総投資を行う国」です。**トランプ大統領の主張通り、世界からの投資が増えれば増えるほど、米国の貿易赤字も膨らむのです。**

2016年の日本人の所得538兆円は、消費300兆円、税金93兆円、貯蓄145兆円に回っています。この貯蓄145兆円から、企業が100兆円、政府が40兆円借りて、国内投資しています。内需合計で533兆円です。

残りの貯蓄が、外需＝海外投資＝貿易黒字の5兆円です。貯蓄投資差額＝貯蓄超過（貯蓄＞投資）の5兆円が、日本の海外純投資額＝貿易黒字額です。

一方、米国の同年のGDP＝所得額は、18兆6245億ドル（約1671兆円）＋貿易赤字5023億ドル（約56兆円）でした。米国はGDPを上回る消費をしており、国内投資額が国内貯蓄を5023億ドル上回っています（貯蓄＜投資）。この不足分を海外から借りている（海外の米国投資）のです。つまり、貿易黒字／赤字は、貯蓄と投資の差額で決まるのです。

このように、**貿易黒字は国内総生産をすべて消費せずに、その一部をせっせせっせと海外資産に変えたこと、貿易赤字は国内総生産で足りずに、国内に海外投資を受け入れたこと**にすぎません。**「貿易黒字は貿易戦争に勝ったこと、貿易赤字は負けたこと」**がいかにナンセンスな話か、理解できることと思います。貿易（トレード：交換のこと）は互いにＷＩＮ－ＷＩＮであり、勝ち負けではないのです。

- **貿易黒字：日本の貯蓄超過（貸付・投資・債権――対外純資産増）**
- **貿易赤字：米国の過剰消費（借金・投資受入・債務――対外純負債増）**

2016 年　GDP　（単位：10 億円／四捨五入誤差あり）

①生産面　GDP（＝GDI＝GDE）　538,446			
②分配面　C　299,859	T　93,437	S　145,140	
③支出面　C　299,859	G　133,372	I　99,983	
	G-T　39,936	EX-IM　5,232	

東学『資料 政・経 2018』

輸出増＝輸入増

総供給＝総需要は相関関係を表す均衡式です。上辺と下辺はつねに等しくなります。

輸入IM＋GDP＝消費C＋企業投資I＋政府支出G＋輸出EX

において、輸入増（上辺の総供給増）＝下辺の総需要増という関係になります。特に輸入増＝輸出増という関係は文句のつけようのないほど、圧倒的です。つまり、

輸入増（上辺増）＝輸出増（下辺増）

総供給＝総需要（上辺＝下辺）ですから供給増＝需要増、好景気状態です。つまり輸入増＝需要増、輸入増＝輸出増、貿易が活発になればなるほど好景気になっているのです。

「輸出を伸ばしたいのなら輸入増が必要」です。逆に、トラ

2008-2017における日本と米国の輸出・輸入相関（JETRO）
※輸出増＝輸入増の関係になっている

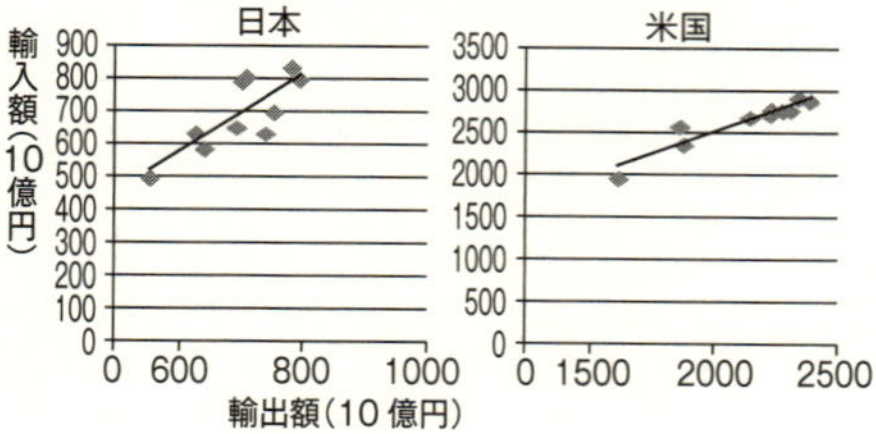

ンプ大統領のように上辺の輸入を無理やり抑えることをすれば、下辺の需要も減、輸出も減、不景気を招くのです。「輸出を伸ばし輸入を抑える政策」は、ナンセンス＝不可能なのです。

世界で見ても同じです。輸出と輸入は相関しています。よく考えれば当たり前のことで、世界の輸出額は輸入額の裏返しです。A国の輸出はB国の輸入（世界全体と考えても同じ）、B国の輸出はA国の輸入です。輸出額が伸びれば輸入額も伸びます。

日本の輸出を伸ばすには、相手国が輸入することが必要です。相手国（世界全体）も豊かになってくれないと、日本は輸出を伸ばすことができません。同時に相手国の輸出が伸びるには日本も輸入を伸ばすことが必要です。

日本が高級車レクサスの輸出を伸ばすには、相手の国も豊かになることが条件です。逆に日本がＢＭＷを輸入するには、日本も豊かな国になっていないといけません。日米の輸出額は、世界全体の輸出額、世界全体のＧＤＰと比例しているのです。

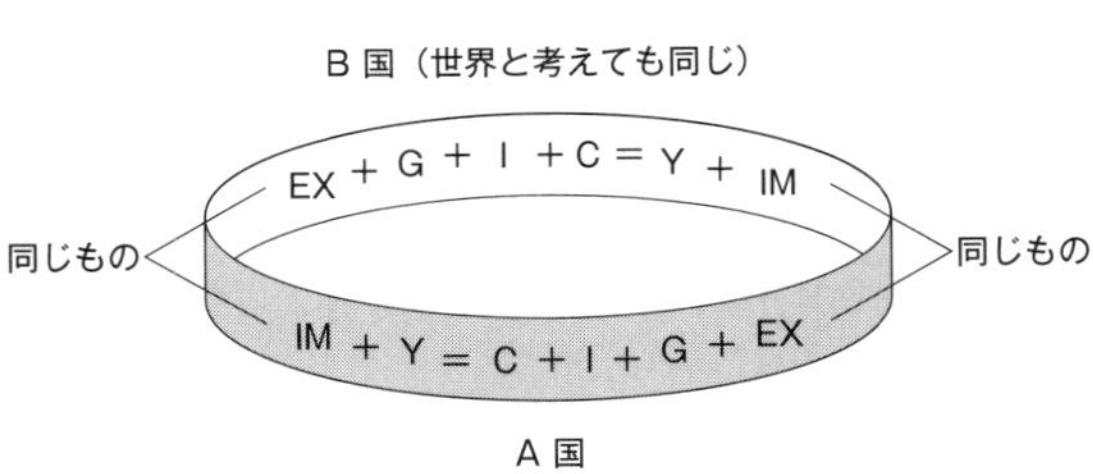

日本が、貿易立国だったことなど1度もない

現在日本のＧＤＰは世界第3位です。その輸出額は70兆～80兆円ほどになり、世界第4位の輸出国でもあります。しかしＧＤＰに貿易額が占める割合の貿易依存度では、日本の順位は191位と、韓国やドイツに比べてはるかに下です。つまり日本は「貿易で稼ぐ貿易立国」ではないのです。日本は外貿易黒字（外需）で経済大国になったのではなく、過去も現在も巨大な内需の国です。

高度成長期を通して、日本のＧＤＰは7倍にもなりました。ところがこの時期、貿易黒字（外需）は日本のＧＤＰの2％ほどを占めるにすぎません。しかも、1961年、63、64年は貿易赤字

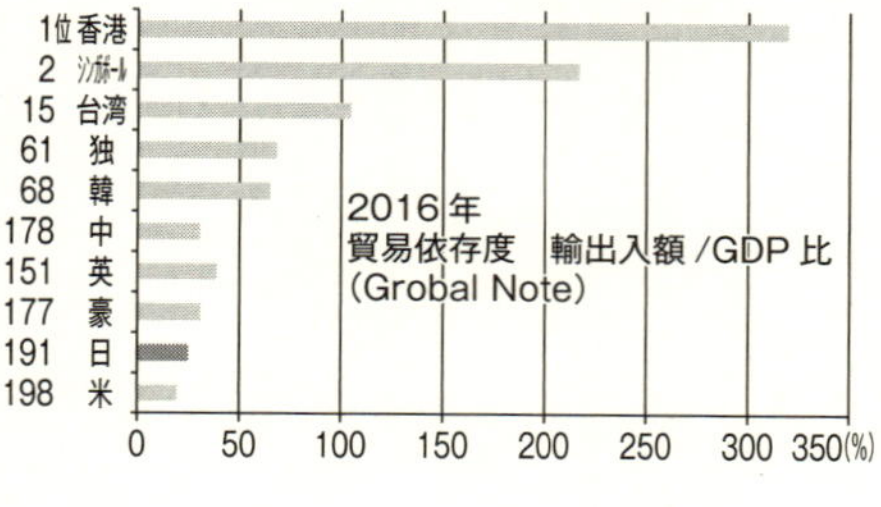

です。貿易赤字の年も、日本のGDPはガンガン伸びていたのです。日本の経済成長は「輸出」によってもたらされたのではないことがわかります。

10%の経済成長をしていた時代には、この2%という数値は翌年の内需にすっぽりと収まってしまう小さな数値にすぎません。この外需依存度は、近年でも同じです。貿易黒字／赤字は値自体小さく、経済成長とは何の関係もないのです。

日本のGDP に占める外需の割合の推移

高度成長期 （%）

1960年	61年	62年	63年	64年	65年	66年	67年
0.5	1.6	0.2	0.8	0.2	1.4	1.6	0.2

68年	69年	70年	71年
1.1	1.6	1.3	2.7

近年

1996年	2001年	06年	11年	16年
0.4	0.7	1.4	0.5	1.0

日本の高度成長期におけるGDPと輸出入（内閣府）

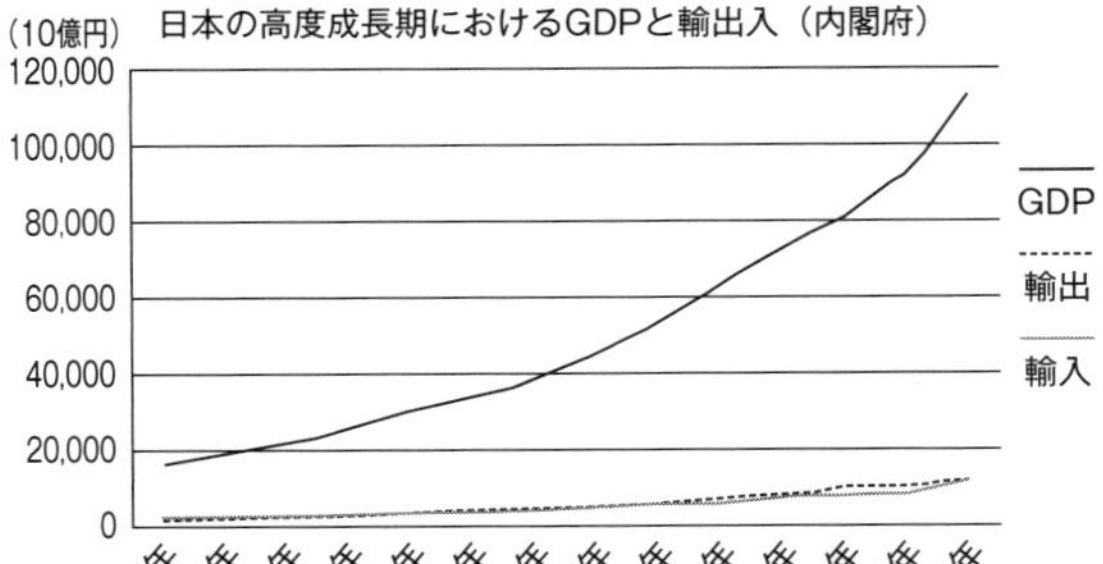

国際収支表

国際収支とは、一国の一定期間の外国との「モノ・サービス・カネ」の取引の収支のことです。各国の比較ができるように、IMF（国際通貨基金）の国際収支マニュアルに基づき、作成・公表されています。この国際収支を理解しているか否かが、経済学を知っているかどうかの分岐点になります。この国際収支表はどのように作られ、また出てくる数字はどのような意味を持つのでしょうか。

浜島書店『最新図説 政経』P332

経常収支＋資本移転等収支－金融収支（資産－負債）＋誤差脱漏＝0

国際収支表は、同価値のものを交換するという考え方に基づき、財・サービスと、カネのやり取りが同時に記載（複式計上方式）されている。

例えば、日本のトヨタ自動車から米国の自動車販売会社へ自動車を100億円輸出すると、米国の自動車販売会社は指定された米国の銀行の口座に100億円を振り込む。この行為は、国際収支表では貿易収支に100億円、金融収支（資産）に100億円計上される。つまり、**国際収支表は、すべての取り引きがゼロになるように計上**されている。

・**経常収支＋資本移転等収支－金融収支＋誤差脱漏＝0**

という国際収支の関係式において、金融収支を移項すると、

・**経常収支＋資本移転等収支＋誤差脱漏＝金融収支**

となります（次ページ下図合計欄参照）。誤差脱漏を除くとして、資本移転等収支（無償援助など）は額が小さいですから、実際には、**経常収支＝金融収支**と考えて差し支えありません。

つまり、①モノ・サービスの実物取引である**経常収支**＝②カネの貸し借り、金融取引額である**金融収支**となります。この**経常収支**には、**貿易収支**と海外資産からの収益（株の配当・債券や預金金利など）である**所得収支**が入ります。**経常黒字**は**貿易黒**（**赤**）**字**を含む数値です。

日本の国際収支（財務省資料による）

項目	内容
Ⓐ経常収支	①＋②＋③
①貿易・サービス収支 ・貿易収支 輸出 輸入 ・サービス収支	｛モノの収支＝輸出ー輸入（日本企業が外国から石油を買って支払った代金など） ｛サービスについての収支。輸送・旅行・通信・知的財産権など。(外国人が京都で支払った宿泊代など)
②第一次所得収支 ・雇用者報酬 ・投資収益 ・その他第一次所得	生産過程に関連した所得および財産所得の収支。 「日本人が海外で稼いだ報酬」ー「外国人への賃金等の報酬の支払」 金融資産提供への対価である配当金や利子等の収支。 鉱業権の使用料、石油・天然ガス等の採掘量等に課せられる税金等。
③第二次所得収支	対価を伴わない資産提供の収支。食料・医療費の無償資金援助、国際機関拠出金、外国人労働者の郷里送金等。
Ⓑ資本移転等収支	④＋⑤
④資本移転	資本形成のための無償資金援助、相続に伴う資産の移転等。
⑤非金融非生産資産の取得処分	鉱業権、土地、排出権、移籍金、商標権等の取引。
Ⓒ金融収支	投資や外国からの借入による資産と負債の収支。「＋」は純資産の増加、「ー」は減少を示す。
Ⓓ誤差脱漏	統計上の不整合の処理。

とうほう『テーマ別資料 政治・経済 2018』

国際収支表　2016 年　（億円）

実物取引（財・サービスほか）		資本取引（カネ）	
(1)経常収支	203,421	286,985	(4)金融収支
①貿易・サービス収支	43,771	145,624	直接投資
a 貿易収支	55,251	303,543	証券投資
輸出	689,797	△17,235	金融派生商品
輸入	634,546	△139,166	その他投資
b サービス収支	△11,480	△5,780	④外貨準備
②第一次所得収支	181,011		
③第二次所得収支	△21,361		
(2)資本移転等収支	△7,433		
(3)誤差脱漏	90,997		
合計(1)＋(2)＋(3)	286,985	286,985	合計

国際収支表の作り方1

例えば自動車を100万円輸出した場合、モノ・サービスを記入する貿易収支に+100万円、カネを記入する金融収支に+100万円と記載されます。日本は+100万円資産を増加させたことになります。

逆に外国航空会社に50万円払って旅行したとします。この場合はサービスの輸入となり、貿易収支に△50万円、金融収支に△50万円と記載されます。日本は△50万円の資産の減少をしたことになります。

経常収支（モノ・サービスほか）　**金融収支**（カネ　資本取引）
輸出　**⇕資産の増加**
輸入　**⇕資産の減少**

一方、外国の製薬会社を買収するための株式購入（直接投資20万円）のような金融資産取引を考えてみます。次ページは、これらの取引すべてが反映された図です。

モノやサービスを取引するのではなく、外国の株式や国債購入といった純粋な資本（カネ）取引だけの場合、その人や会社の持つ資産総額が変わるわけではない（財布の中の1万円が両替で100ドルになっても同じ）ので、金融収支の項目内で＋と△が同時に記載され、相殺されます。

金融収支（カネ　資本取引）

日本が外国株・債券、土地購入　⇕資産の増加（資金は流出）
**　株式などが日本に流入**

海外が日本株・債券、土地購入　⇕資産の減少（資金は流入）
**　株式などが海外に流出**

以上の取引を合計すると、日本の国際収支は、経常収支＋50、金融収支＋50となります。金融収支の＋50は、日本の持つ対外資産の増加になります。

経常収支（万円）		金融収支（万円）	
貿易／サービス収支	＋100		＋100
	△50		△50
		その他投資　＋20	
			証券投資　△20
	計　＋50		計　＋50

東学『資料 政・経 2018』

国際収支表の作り方2

では、実際に、国際収支表を作成してみましょう。

栄光『畠山のスパッとわかる政治・経済　爽快講義』（畠山創・著）P380

ポイント　A〜Gを同時に2か所に記録

A日本企業が自動車10を輸入（現金10の減少）

B日本企業が特許料3を支払い（現金3の減少）

C日本企業が海外株式の配当20を受け取り（現金20の増加）

D日本が海外に無償の医薬品2を援助（現金2の減少）

E日本政府が、途上国に道路1を建設（現金1の減少）

経常収支		金融収支			
貿易サービス収支	A△10 B△3				A△10 B△3
第一次所得収支	C+20				C+20
第二次所得収支	D△2				D△2
資本移転等収支	E△1				E△1
		直接投資	F+10		
		証券投資	G+30		
		外貨準備	H+3		
				その他投資	F△10 G△30 H△3
合計	+4	合計			+4

F日本企業が海外の経営権取得のため10の海外株式取得（現金10の減少）
G日本企業が利益を得るため30の外国株式取得（現金30の減少）
H日本政府が円高対策として3のドル買い介入を実施（現金3の減少）
解答　経常収支（5）＋資本移転等収支（△1）＝金融収支（4）

第一学習社『高等学校 改訂版 現代社会』P225

経常収支は、一国の対外的な所得と支出の差をあらわす。たとえば、所得が支出を上回って、経常収支がプラスであれば、そのプラス分を海外への直接投資や証券投資に運用するため、外国に貸し出す。そのため、対外純資産が増加し、金融収支はプラスとなる。一方、支出が所得を上回って、経常収支がマイナスの場合は、そのマイナス分を海外から借り入れることになる。そのため、対外純負債が増加し、金融収支がマイナスとなる。

ここまで見てきたように、国際収支は、**経常収支**（貿易収支と所得収支を含む）＝**金融収支**になります。金融収支は海外資産（負債）の増加を示します。海外資産は、日本国が持つ海外の資産（株や債券、貸付金や預貯金）で、海外負債は海外が日本国内に持つ資産のこ

とです。負債と書きますが、将来返済しなければならない債務ではありません（P45～46）。

日本の場合、経常収支黒字＝金融収支黒字となり、海外資産が純増します。これが対外純資産（日本の持つ海外資産－海外が持つ日本国内資産）の増加分となります。

平成29年の経常収支は21兆８７４２億円ですから、前年に比べこれだけ対外純資産が純増します（為替による見かけ上の額変動もあります）。日本は毎年経常黒字を積み重ねており、27年連続世界一の対外純資産国となっています（２０１７年末）。１０２１兆４３１０億円の対外資産を持ち、６８３兆９８４０億円の対外負債ですから、この差３２８兆円が対外純資産になります。

一見、対外資産の前年増分が経常収支と聞くと、

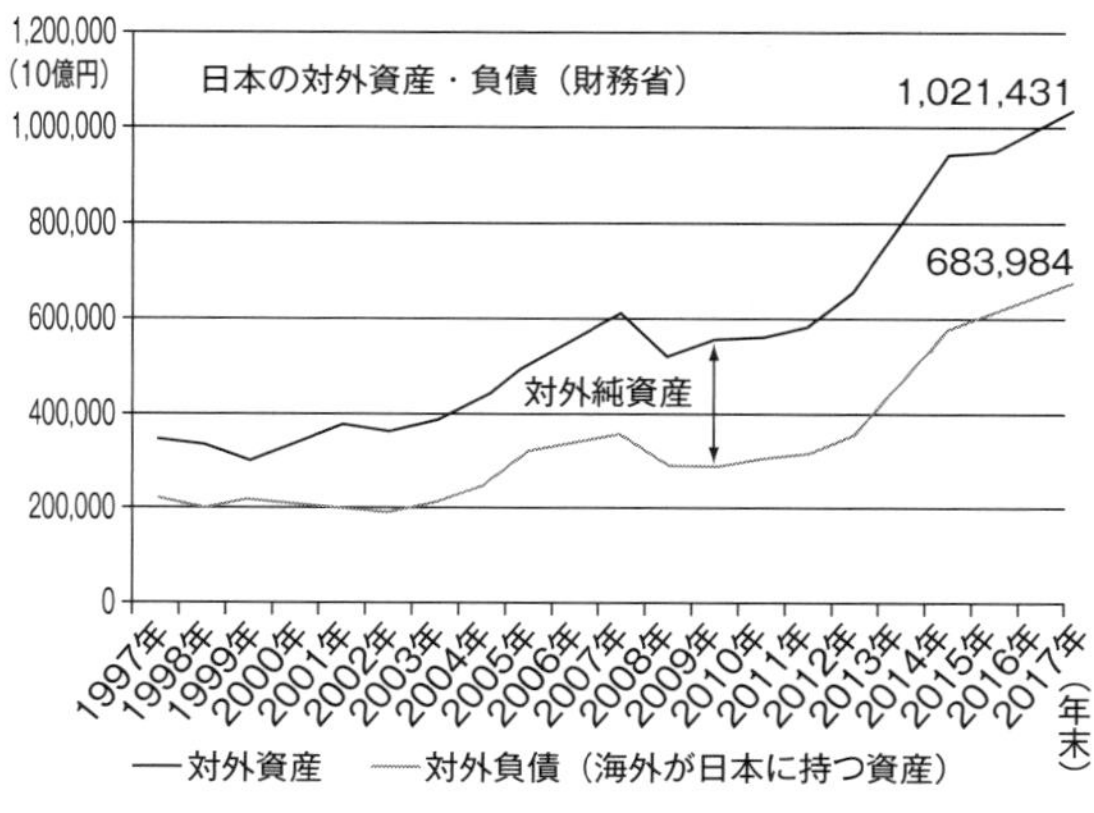

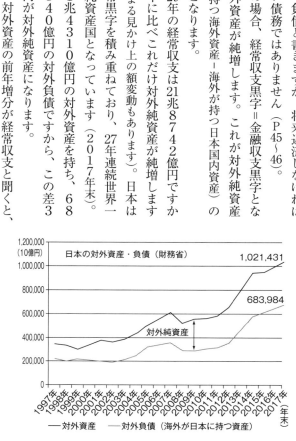

「モノ・サービスのやり取りが、対外純資産を増やす」と考えてしまいそうですが、この対外資産1021兆円は、株・国債や預金ですから、国際収支表では相殺されて表には出てこない、純粋な資本取引の累積です。

負債684兆円は、海外が持つ日本国内の株・国債や預貯金口座です。差額は純資産で、純増分が、経常収支分です。経常収支は金融収支と同額ですから、対外資産の純増分は、たまたまモノ・サービスのやり取りを伴う金融収支分が計上されているのです。

・日本の貿易（経常）黒字額＝日本からの投資額
・日本の海外資産額＝米国の貿易赤字額

でしたね（P46〜47）。

ですから、日本は世界一の対外純資産を持つ国、米国は世界一の対外負債を持つ国となります。負債と聞

2016年末　対外純資産・負債（財務省）

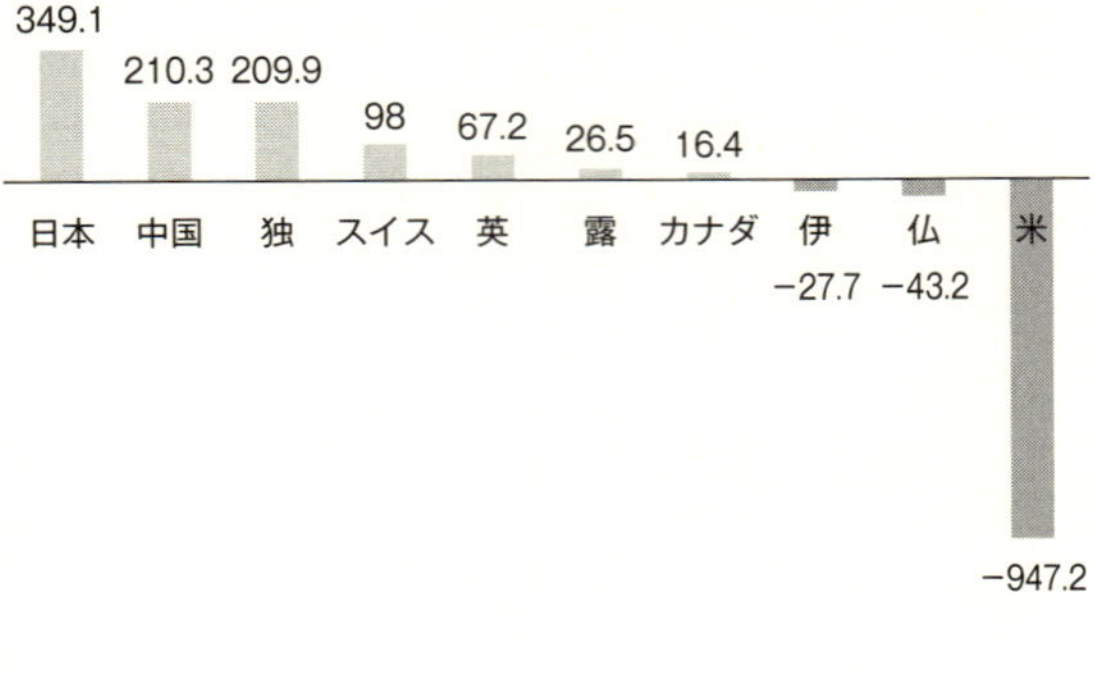

くと「借金で大変なのかな？」となりますが、実体は違います。ウォール街、ロンドンシティーを持ち、世界の金融取引を一手に引き受けている米国・英国の対外資産負債は、文字通り、日本とは「桁違い」です。彼らは国内に、世界中の投資を呼び寄せ（負債）、また世界中に投資をしている国なのです。アメリカは負債が多く大変なことになっているのではなく、世界中からの投資の40％を引き受ける超大国です。アメリカが貿易（経常）赤字を出せば出すほど、世界中からカネがアメリカに向かうのです。

このように、本当は**貿易黒字／赤字など、額が小さすぎて話になりません。国際貿易の主役はモノ・サービスという実物取引ではなくカネ、すなわち純粋な資本取引なのです。**

日本の直接投資（株式取得や工場建設など、永続的な

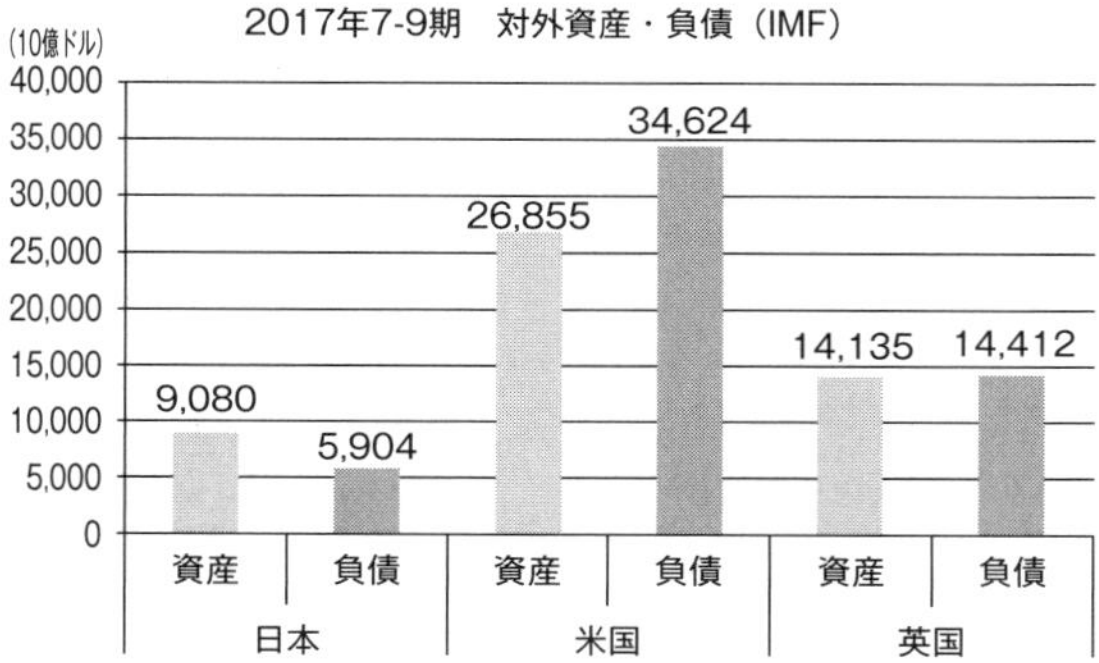

利益のための投資）額は、18・1兆円（2017年速報値JETRO）です。M&A（合併と買収）は7・5兆円、対象先は北米が一番多く、3兆4766億円で、全体の半分弱を占めます。海外からのM&Aは198件です。これらが金融収支の直接投資項目です（p52）。

下表の企業は、すでに「外資企業」です。こういった企業は東証一部では100社を超えています。しかし、私たちの生活に影響を及ぼすものではありません。従業員の給与は日本のGDPです。海外からの投資が増えるということは、日本が安心できる投資先であること、円投資は魅力的であることを示します。世界中が、自国への投資を競っている時代なのです。

外国人持ち株比率が高いおもな企業（2017年）

企業名	比率	企業名	比率
LINE	92.6	マクドナルド	58.2
モノタロウ	82.0	ソニー	58.0
中外製薬	77.1	オリックス	57.8
シャープ	72.6	日本ペイントHD	57.5
いちご	71.4	レナウン	56.5
ドンキHD	70.0	大東建託	56.2
日産自動車	68.2	ラオックス	53.5
市光工業	63.9	新生銀行	53.0
HOYA	61.6	三井不動産	50.8
昭和HD	59.4	良品計画	50.7

東学『資料 政・経 2018』

国際間の投資額は貿易黒字をはるかに超える

教育出版『中学社会 公民 ともに生きる』P138

経済のグローバル化が進むなかで、アメリカをはじめ諸外国との金融取引も、ばく大な規模になりました。

P59・60のグラフは対外資産・負債を構成する数字です。2015年から翌16年にかけた、1年間の増加額です。

日本もアメリカも、国境をまたいだ海外投資・海外からの投資は、実物取引の比ではありません。アメリカの海外からの投資受入額13219・7億ドルは、GDP（167161・5億ドル）の8％にも上ります。これだけの投資を引き付ける国は、当然ですが、ますます豊かになります。世界中がドル資産を欲しているのです。

1970年代までは、モノ・サービス取引が文字通り国際経済の主

2016年　国際間投資（為替の変動があるため、数値は一致しない）

	自国→外国	差が経常収支に相当	外国→自国
日本	47.9 兆円 (円高で△27.2 兆円含む)	20.3 兆円 (うち貿易収支4.4 兆円)	38.0 兆円
米国	4,970.7 億ドル (約54.7 兆円)	△4,516.9 億ドル (うち貿易収支△5023 億ドル)	13,219.7 億ドル (約145.4 兆円)

役でした。しかし、固定相場制の崩壊以降（変動相場制とは資本の自由化、つまり自由に為替取引することを示します）、国際間の資本移動が国際経済の主役になりました。今日、トヨタやユニクロが海外進出し、マクドナルドやスターバックスが世界中どこにでも進出していますが、これらは固定相場制時代には、できなかったことなのです。

　これらの純粋な資本取引（外国株や債券、海外不動産の購入、M&Aによる買収など）は、国際収支表には記載されるものの、金融収支項目内で相殺されて、表面には一切出てきません。今日の国際間の取引は、カネが主役であり、モノ・サービスは、「おまけ」にすぎません。

外国為替取引額と貿易量

図に示されているように、国際貿易量（各国の輸出と輸入の合計）と比べて外国為替取り引き額ははるかに大きい。つまり、外国為替取り引きの大部分は、輸出入と直接関係のない、株式や不動産などの資産取引のためにされているのである。

清水書院
『高等学校 現代政治・経済 新訂版』

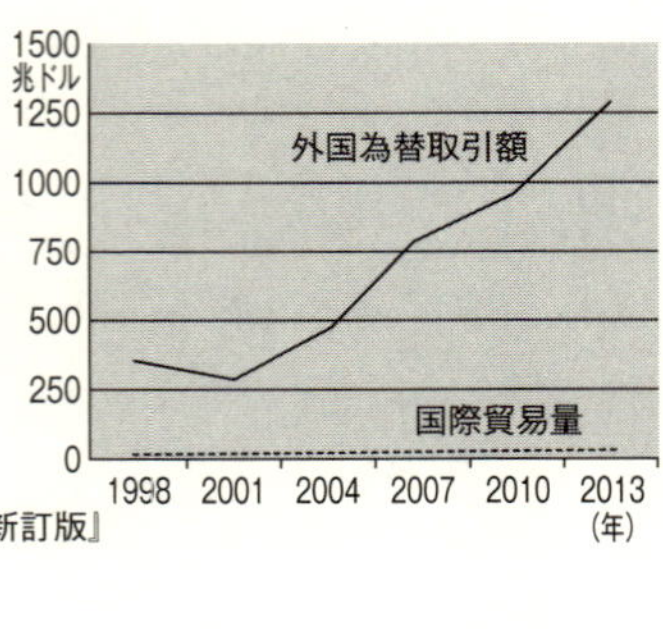

実物取引を上回る金融取引

帝国書院『社会科 中学生の公民 より良い社会をめざして』P139

通貨のやり取りには、輸出入や海外旅行などにともなうものだけではなく……将来の為替の変動によって利益を得ようとする目的で行われるものもあります。これらの取引額は、世界全体の貿易額よりもはるかに多くなっており、利益を求めて資金が急激に移動することによって、為替レートが大きく変動することがあります。

株や債券を売買する国際間の金融取引は、モノ・サービスをやり取りする実物取引の比ではありません。日本市場の場合、**前者は後者の18倍**です。日本の株式市場取引額の7割は外国人投資家によるものです。

実物取引をする場合にも、企業は為替の変動による損失を避けようと、さまざまなデリバティブ（金融派生）商品を購入します。為替差損を避けるためです。

「先物取引」は、将来時点の価格と量を約束する取引です。「オプション取引」は先物取引権を売買します。トヨタ自動車は1ドル＝100円のオプションを、120円の円安になると使いません。80円の円高時に行使します。逆に電力会社は、円安時にオプションを使います。1リットルの石油を120円で買うより、100円で購入した方がトクだからです。「スワップ取引」は、為替やオプションの先物取引と直物取引をセットにするような商品です。韓国企業と取引する場合、円ドル取引⇕ドルウォン取引⇕円ウォン取引のそれぞれで、先物と直物を組み合わせておけば、為替差損を100%避けることができます。

日本のデリバティブ市場取引だけで、1日あたり559億ドル（16年4月現在）、**輸出入額の17倍**もあります。残高は58兆ドル（17年6月）です。世界の残高は、493兆ドル（15年末）になります。金融市場だけが巨大化しています。

2016年　貿易・投資額（財務省）　　（兆円／四捨五入誤差あり）

モノ・サービス取引		資本（カネ）取引			
輸出	輸入			買い	売り
70	66	日本の海外投資	外国株式	47.3	41.1
			外国債券	397.4	399.9
株・債券取引は実物取引の約18倍		海外の日本投資	日本株式	495.5	501.2
			日本債権	307.4	303.8
		資本輸出入合計		1,247.60	1,246.00

東学『資料 政・経 2018』

円高円安を決めるのは

山川出版社『詳説政治・経済 改訂版』Ｐ１８３

将来、円の価値が下がり、ドルの価値が上がると判断すると（ドル高期待）、円売りドル買いが増えるからドル需要となり、逆にドル安期待で円高期待となるとドル供給となる。

このように外国為替相場は、貿易・投資の需要とともに、将来への期待に基づいて決定されている。

カネは外国と日本の金利差、**将来予想**（期待）によっても動きます。英国のＥＵ離脱が国民投票で決まると、同国の通貨であるポンドは１日で７％下落しました。

ＢＩＳ（国際決済銀行）によると、２０１６年の１日あたりの為替取引額は、**日本市場では輸出額の２３５倍の３９９**

日本と世界の１日あたり輸出額・為替（資本）取引額
（2016年４月）（財務省、JETRO、BIS）

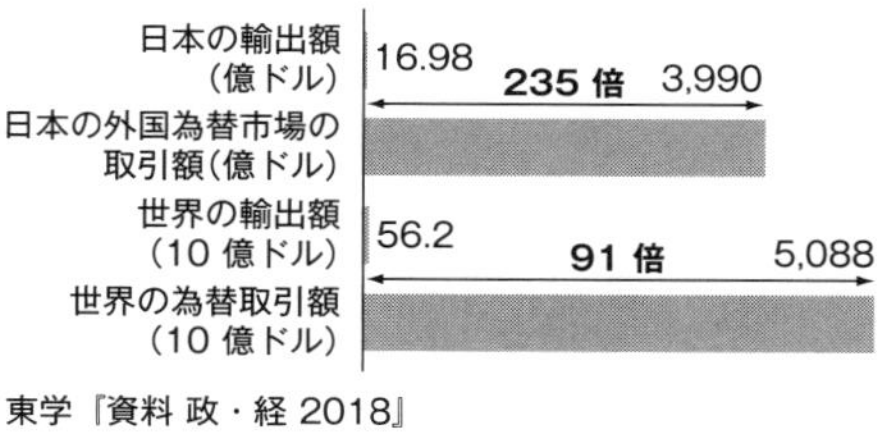

東学『資料 政・経 2018』

0億ドル、世界では91倍の5・1兆ドルになります。

当然ですが、「日本が貿易黒字になる→円需要が増える→円高になる」ことなど、実際には全くありません。為替相場は資本取引で動くのです。これが金融資本主義の実態です。

東京書籍『現代社会』P176

各国の生産物を貿易によって取り引きするために、それに必要な資金を外国為替市場で調達するという従来の国際金融は、今では主客が転倒し、マネーゲームとよばれる資金取

1日あたり為替取引額5兆880億ドルの内訳（2016年4月）（BIS）

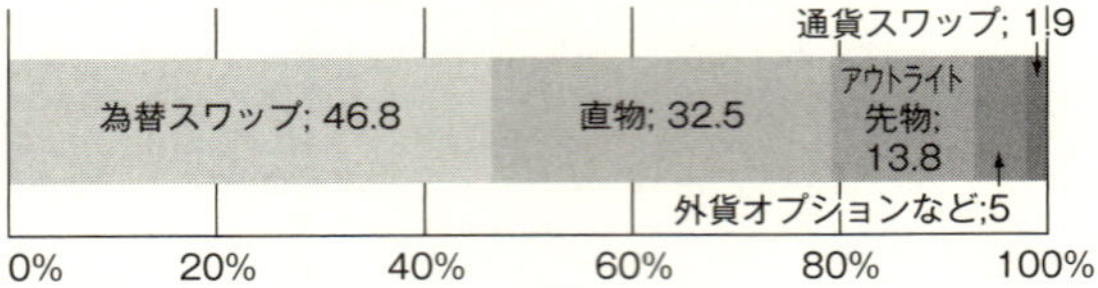

世界のGDPと金融資産残高の比率
（経済白書、経産省、IMF、OECD SS独銀）

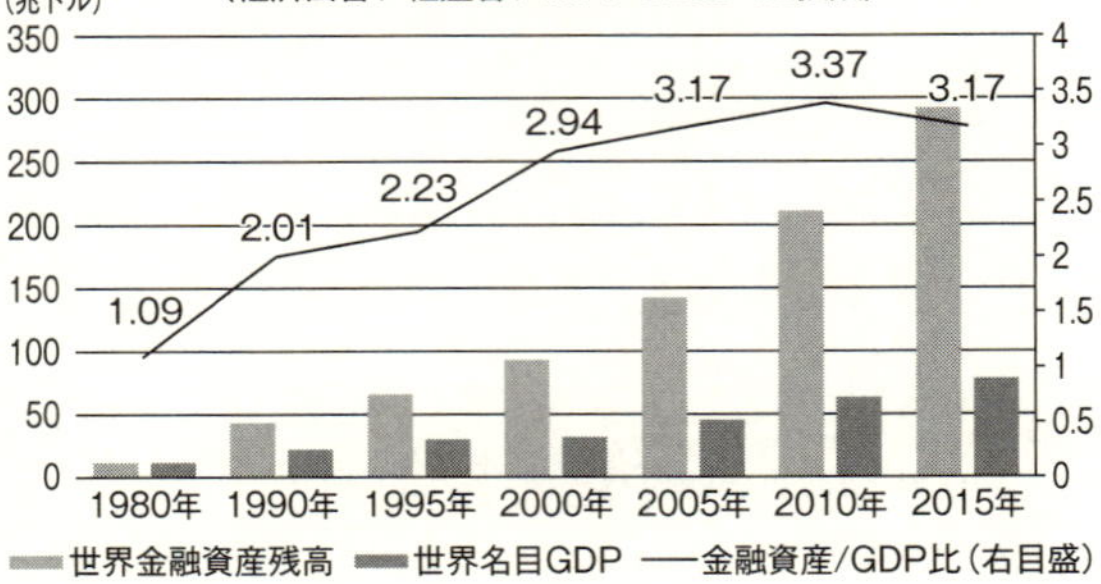

引が国内の生産を左右する現象が少なからず起こっている。

為替取引は、世界中の金融資産（負債と同額）を肥大化させました。その額は、GDPの3倍を超えています。この資本取引が、実体経済をかき回したのがリーマン・ショックです。「尻尾が犬を振り回す」」（元米国中銀FRB議長B・バーナンキ）時代なのです。

円安が歓迎されるのはなぜ？

山川出版社『詳説政治・経済 改訂版』P183

貿易での決済がドルでおこなわれる（ドル建て）場合、円安・ドル高となると輸出に有利で、円高・ドル安になると輸入に有利である。

……国際収支でみたように、今日では投資の動きも大きい。日本からアメリカ合衆国への投資はドルの需要であり、アメリカ合衆国から日本への投資はドルの供給である。

円高とは、例えば1ドル＝100円が80円になることであり、円安とは120円になることです。円が強くなる（円高）と、1ドルのハンバーガー（1リットルの石油）を80円で購入でき、円が弱く（円安）なると、120円払うことになります。

現在は、資本取引額＞実物取引額の時代ですから、日本が外国

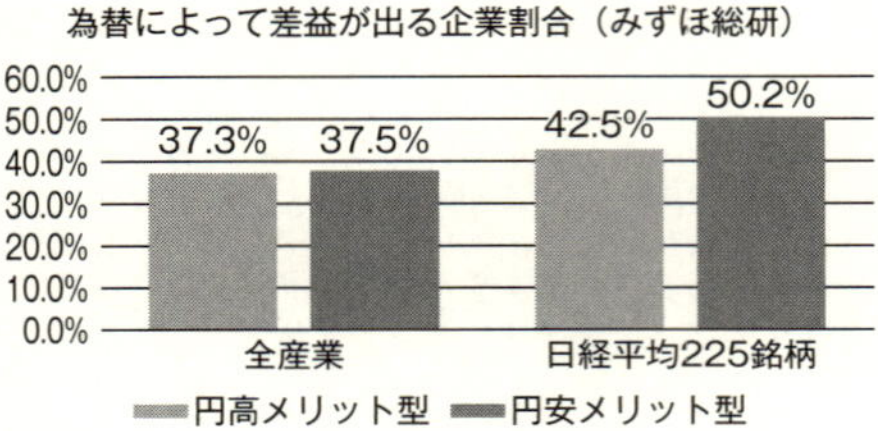

の株・債券投資や、M&Aを行うには、円高が望ましいとなるはずです。ところが日本では「輸出企業に有利だ」として、円安が歓迎されます。例えば、トヨタ自動車は、1円円安に振れるだけで、1年間の利益は約400億円も変動すると言われています。この円安歓迎には、からくりがあるのです。

全産業をみると、円安でメリットを受けるトヨタのような産業と円高メリット産業（石炭や石油を輸入する電力産業など）は同じような割合です。ところが、株価の指標である日経平均225銘柄に限ってみると、円安メリット型企業が、途端に多くなります。

しかも、日本の輸出額の90%は東証一部上場企業などの大企業に集中しているので、日本の株価は、円安に反応し、上昇するのです。アベノミクスによって、24%も円安になった2012年末から13年末までの1年間に、株価は65%上昇しました。

株価の上昇は、日本経済にとって当然プラスに働きますから、円安が歓迎され、円高が望まれないのです。

第一学習社『最新政治・経済資料集 新版 2018』P199

貸借対照表（バランス・シート）は、会社が資金をどのように集めて、どのように運用したか（何に使ったか）を示したものである。

……企業の安定性を測る指標の一つに、自己資本比率がある。これは、総資産に占める純資産（自己資本）の割合を示しており、［純資産÷総資産×100＝自己資本比率］となる。一般的に、自己資本比率が高い企業は負債の割合が少なく、経営は安定していると考えられる。

内部留保（**利益剰余金**）は、企業の資金調達の方法の一つで、株式と同じく自己資本に相当する**純資産**です。負債は返済する必要がありますが、純資産は返済する必要がありません。

つまり、純資産が多ければ多いほど、経営基盤は安定していることになります。企業が利益剰余金を積み重ねることは、経営基盤の安定を目指すうえで当然です。この「利益剰余金（内部留保）」は、2016年度までの4年間に100兆円増えました。

日本企業の純資産は669兆円、負債は979兆円です。この合計1648兆円を使って、土地・建物・機械・原材料などの同

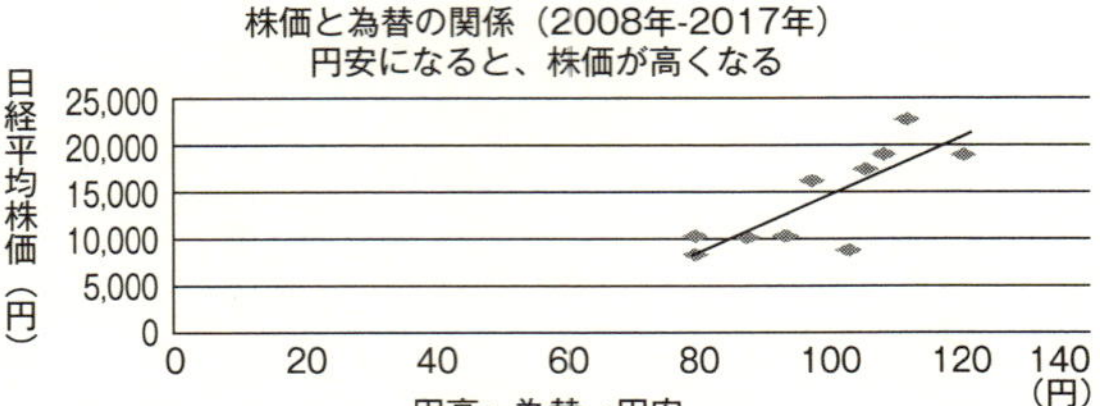

額資産を持っています。

増えた資産の中で、一番使われたのは、M&A（買収・合併＝株式276兆円）です。この5年で70兆円以上増えています。自社の設備投資よりも、他社（特に海外）のM&Aに使用されています。

現預金は211兆円であり、その6割弱は資本金1億円未満の中小企業によって保有されています。「総資産に占める現預金の割合」は12％ほどで、75〜85年当時の13％、バブル期の15％にも及びません。現預金をため込んでいるという批判は的外れであり、有効活用されているというのが実態です。

一般に「内部留保＝現預金」と同一視されますが、それは間違いです。「企業が内部留保（利益剰余金）をため込むのはけしからん」もトンデモ論と言えるでしょう。それらのカネは、すべて社会のどこかで使われています。


日本企業のバランス・シート（2016年度末）（法人企業統計）

資産［どのように運用したか］		負債・純資産［どのように集めたか］	
現預金	211兆円	【負債】（他人資本）（返済する必要がある）	
株式	276兆円		
未収金など他流動資産	164兆円	銀行借入 社債	979兆円
土地など	997兆円	【純資産】（自己資本）（返済する必要がない）	
		資本金（株式）	263兆円
		利益剰余金（内部留保）	406兆円
総資産	1648兆円	総資本	1648兆円

総資産＝総資本

第2章

国債は借金であり財産である

この章では、国債について扱います。まず、皆さんが一番疑問に思っているのは、「日本は借金（国債）で倒産するのか？」「財政は破綻するのか？」という点だと思います。結論から言うと、日本は、財政破綻しません。これがなぜなのかを原理的に説明します。

ただし「国債を無制限に発行して大丈夫なのか？」については明確に「NO」です。こんなことが可能であれば、無税国家が誕生してしまいます。「国債＝日本円そのもの」ですので、これを行ってしまうと、円の通貨価値が暴落してしまいます。激しい円安・インフレです。戦後の日本や、戦前のドイツのようになります。ですから、日本銀行の使命は、「物価の安定（通貨価値の安定）」（日銀法第2条）なのです。

財政は破綻しませんが、現在の社会保障制度を維持しようとすると、どこかでほころび（破綻）が生じます。少子高齢化で確実に人口減になる社会では、現役世代が高齢者世代を支える現行システムは、必ず破綻します。解決策は、社会保障給付費の縮小・社会保険料引き上げ・増税しかありません。高福祉・高負担の北欧型（その代わり、税金・保険料負担が大きく、貯金はできません）か、現行のままの中福祉・中負担を維持するのか——。団塊の世代全員が、後期高齢者になる２０２５年は、もう目の前にせまっています。

国債は政府の借金、国民の財産

第1章で説明したＩＳバランス式をもう一度見てみましょう。

Ｓ＝Ｉ＋（Ｇ－Ｔ）＋（ＥＸ－ＩＭ）

ここからわかることは、貯蓄Ｓが政府の財政赤字（政府支出Ｇを税収Ｔが下回るので赤字国債発行）、国債の購入＝政府への投資Ｇ－Ｔをまかなっていることです（下記の表）。

Ｓ貯蓄主体：民間企業や一人一人の家計

←預かる主体：銀行・証券会社・保険会社など

←Ｉ投資：国債購入

2016年　GDP　（単位：10億円／四捨五入誤差あり）

①生産面　GDP（＝GDI＝GDE）　538,446			
②分配面　C　299,859	T　93,437	S　145,140	
③支出面　C　299,859	G　133,372	I　99,983	

G－T　39,936　EX－EM　5,232

貸した総額＝借りた総額

①S	=	②I	③G－T	④EX－IM
民間貯蓄		企業が借りた（投資）	政府が借りた（公債＋保険）	外国から借りた
145,140 約145兆円		99,983 約100兆円	39,936 約40兆円	5,232 約5兆円

東学『資料 政・経 2018』

←借入主体：国・地方自治体

貯蓄をしている主体は、家計と企業です。その貯蓄が、政府の借り入れ（国債）に回っています。ここからわかるのは、**「国債は政府の借金であり、国民の財産である」**ということです。

とうほう『政治・経済資料2018』P250

日本国国債保有者内訳を「家計」に例えてみれば、「973万円の借金（負債）は、隣近所（海外）から57万円借りているのみで、同居（国内）の祖父と子どもたちから残り916万円借りている。その家計の借金は、祖父と子どもたちの債権（資産）でもある」となる。

国債残高と対GDP比率（財政金融統計月報）

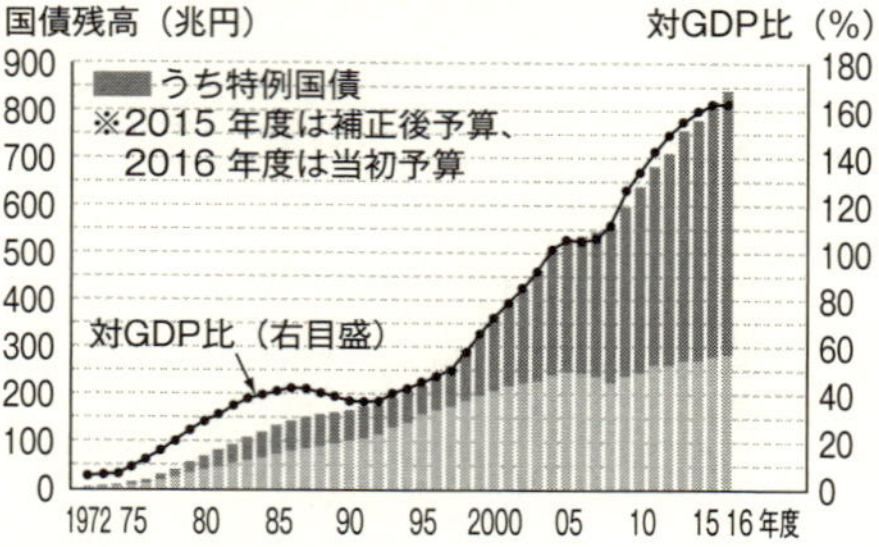

東京書籍『政治・経済』

2017年7～9月期の日銀データによると、国債等の借金は、1087兆円です（海外保有５・４％、国内保有９４・６％）。財務省はこのことについて、「国民１人当たり８５２万円の借金を抱えていることになる」という言い方をしますが、正確には、「（海外保有の１２０兆円を除き）国民１人当たり８０６万円の資産を抱えている」と付け加えなければなりません。さらに、「将来世代に大きな負担を残す」は、「将来世代に多くの資産を残す」と同じ意味になります。借金返済（元金や利息）を受け取るのも、やはり将来世代になるからです。

この「国債＝政府の借金＝国民の財産」を、日本人の金融資産・金融負債という観点で整理してみましょう。

まず金融資産は貸したカネ、金融負債は借りたカネで、必ず同額になります（資産額＝負債額）。

日本全体の金融資産・負債は、金融機関分（約３８００兆円）を除き約４５４３兆円です。このうち、政府の負債（国債・地方債・その他借入金等）は、１２７

国債の所有者別内訳（2016 年3 月末速報）

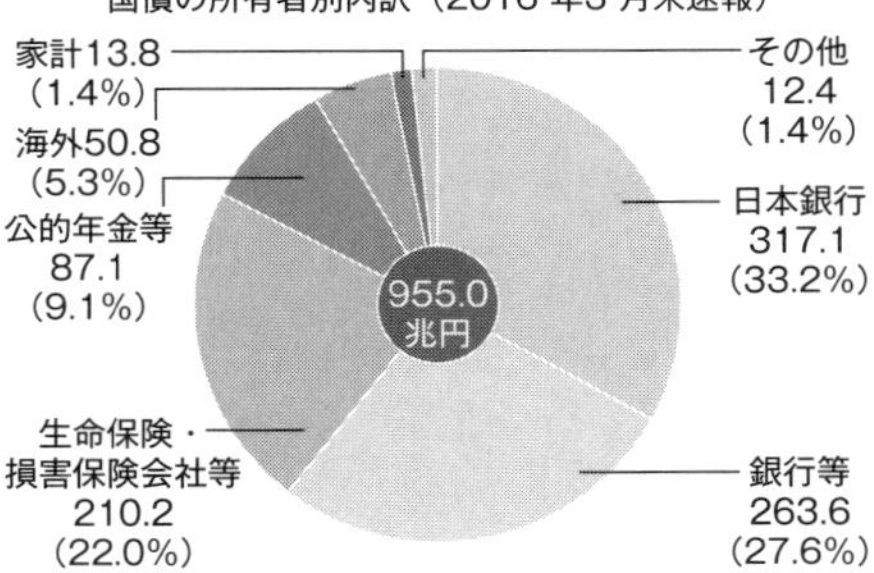

とうほう『政治・経済資料 2017』

6兆円です。企業の負債1937兆円は、「社債・株式・借入金ほか」のことです。家計が株式投資や、社債購入を行うと、企業の負債が増え、家計の資産が増えます。これらの株式・社債の配当は、家計の収入になります。国債購入も同じです。政府の借金が増えれば増えるほど、国民の財産も増えます。政府の借金は「家計[*1]・企業」が貸し出しているのです。「対外純資産が356兆円。これが円の価値を支えている」のも意味不明です。

*1　よく言われる、家計の資産が1850兆円というのは、この部分です。ただしこの家計には、個人事業主が約50%含まれます。これを除くいわゆる一般家庭の金融資産でも、自宅（土地・建物）が50%相当を占めます。

金融資産・負債（約4543兆円／17年9月末）（日銀）

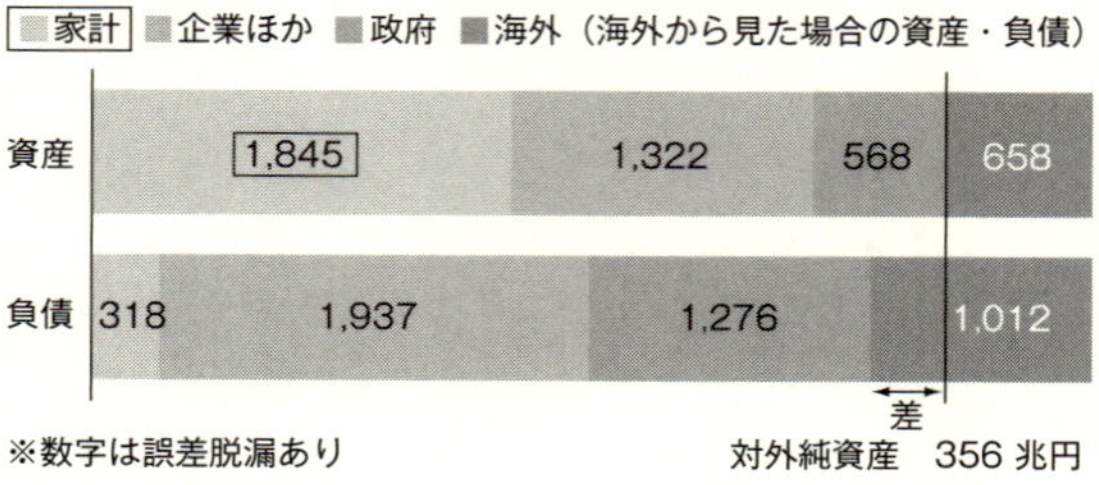

国債は円通貨そのもの

東京書籍『新編 新しい社会 公民』P141

現在の紙幣は、金と交換できるわけではなく、国の信用を裏づけにして流通しています（管理通貨制度）。

政府も国債を使って資産運用しています。P79の円グラフに「公的年金等」とあるのは、GPIF（年金積立金管理運用独立行政法人）という、私たちの支払った年金積立金の一部を資産運用する機関の所有分です。およそ163兆円の資産を株や債券投資で運用し（政府の資産568兆円の一部を構成）、その約26％の42・4兆円が国債で運用されています。つまりウソのような話ですが、**「政府の借金は政府の資産！」**でもあるのです。

2012 年度末 日銀バランス・シート			
国債	125.4	63.4	発行銀行券
ほか	39.4	58.1	当座預金
		40.1	ほか
		161.6	負債合計
		3.3	純資産
資産合計	164.8	164.9	負債・純資産合計

⇩ （兆円）

2017 年9月末 日銀バランス・シート			
国債	435.9	100.8	発行銀行券
ほか	77.5	369.2	当座預金
		39.7	ほか
		509.7	負債合計
		3.7	純資産
資産合計	513.4	513.4	負債・純資産合計

さらに国債は、日本の銀行券（円札）そのものを支える資産にもなっています。銀行券は日銀にとっては負債です。それに対応する資産として、日銀は国債を購入します。日銀が銀行券や当座預金[*2]という通貨量を増やそうと思えば、国債の購入を増やさなければいけません。現代の管理通貨制度の下では国債がなければ、銀行券は発行できないのです。

金本位制度の下では、各国の通貨量は、保有する金の量によって規定されていました。そのため通貨価値が安定します。現代の管理通貨制において、金の役割を演じているのが国債です。昔の1ポンド札や1ドル札が金が持つ信用に支えられていたように、現代の1万円札が信用されているのは、国債がその金の役割を果たしているからです。

このように、国債は「**円通貨そのもの**」「**円通貨信用そのもの**」です。国債が信用を失った場合に起こるのは、円価値の下落、すなわち「円安・インフレ」です。ですから日銀の使命は「物価（通貨価値）の安定」（日銀法第2条）なのです。

＊2　Aさんが自身のX銀行口座から、C社のX銀行口座へ振込をする場合、決済はX銀行口座の中で行われます。一方、D社のY銀行口座へ振込をする場合、X銀行口座預金が減りY銀行口座預金が増えます。この決済は日銀当座預金の、X銀行口座とY銀行口座の間で行われます。日銀は「銀行の銀行」なのです。

国債価格と金利

とうほう『テーマ別資料 政治・経済 2018』P132

現在の国債の売り方は、たとえば「満期の1年後に100万円になる国債を今いくらで買いますか」と入札を行い、最も高い値段をつけてくれた金融機関に売り渡すというしくみ。そうして買った国債は、市場で自由に売買することができる。国債が99万円で売買されていると、1万円が今後1年間の金利（筆者注1・01％）になるということである。

もし「日本の国債は不安、どうなるかわからない」と、外国の人たちが国債を大量に売ったら、どうなるか…。国債の売買される価格が下落する。仮に99万円が95万円にまで下がれば、今後1年間の金利が5万円（同5・26％）となり、金利が非常に高くなるのだ。

国債は、財務省が年に100回ほど発行し、1回あたり数千億～2

国債発行額170兆円（2017年度）

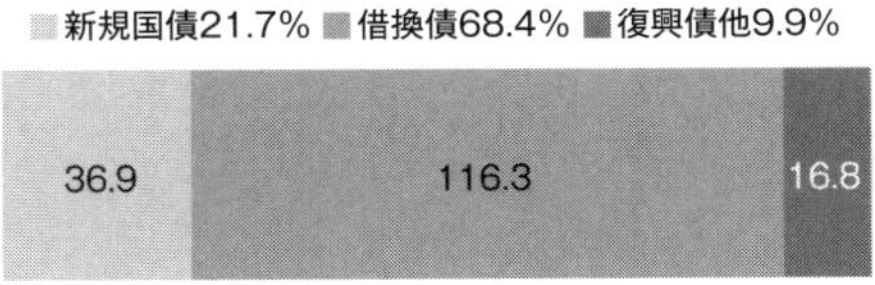

兆円ほど入札[*3]されます。金融機関によって購入された国債は、さらに国債市場で毎日売買されています。

日本が１年間に発行する国債は、１７０兆円です（２０１７年度）。そのうち新規国債は約37兆円にすぎず、約７割に相当する１１６兆円が借換債です。

10年物国債が発行されると、元本は60年間をかけて償還されます。空港などのインフラは60年使用するという考え方に基づきます。10年後に元本は一度返済されますが、５／６相当額は借換債が発行されます。結果、日本の国債市場売買高は１年間に９６２４兆円（２０１７年）もの額になっています（同年全株式売買高は７４１兆円）。

この売買の際に国債価格上昇（金利下落）、あるいは国債価格下落（金利上昇）という現象が起こります。日本国債の利率は、現在、世界最低水準（国債価格は世界最高）で推移しています。世界から圧倒的な信頼を得ているのです。

各国の長期金利の推移

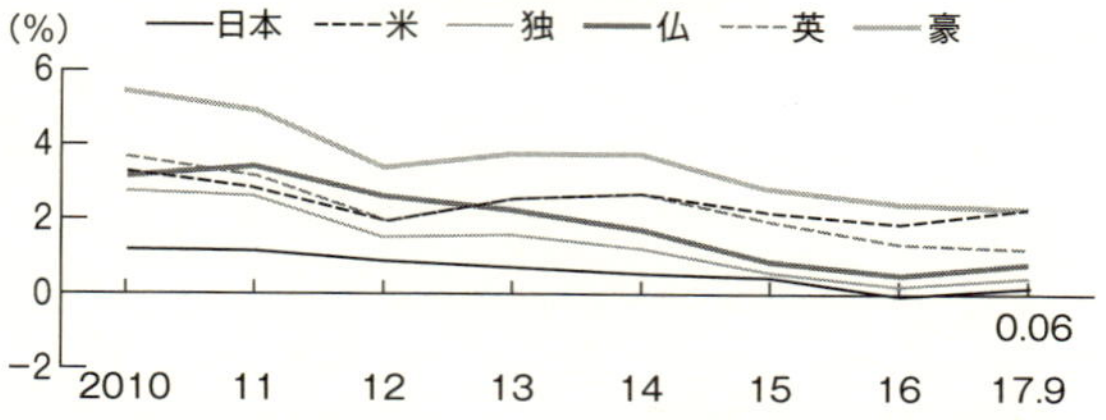

東学『資料 政・経 2018』　（外務省『主要経済指標』2017年9月）

国債市場は、残高・売買高ともに株式市場を上回ります。世界の国債発行残高は60兆8837億ドル（2015〜16年現在）、日本国債はその17％を占めます。世界の株式時価総額は48・4兆ドル（2018年1月現在）です。日本国債は、世界の債券市場でエース・カードと見なされているのです。

国債の金利は、長期金利の代表的な指標になります。国債は他の債券に比べ一番信用度が高く、利率が低いからです。住宅ローンや長期社債は、国債金利の影響を受け、国債金利よりも高い金利（プレミアム）になります。国債の価格が高い＝日本円に対する信頼が高い＝金利が低いということは、日本のモノ・サービス市場、何より長期で考えなければならない、「投資」に大きく影響を与えるのです。

2016年センター試験
政府債務残高の対GDP比　日　216・0％　ギリシャ　148・3％

長期金利（10年もの国債）と住宅ローン金利

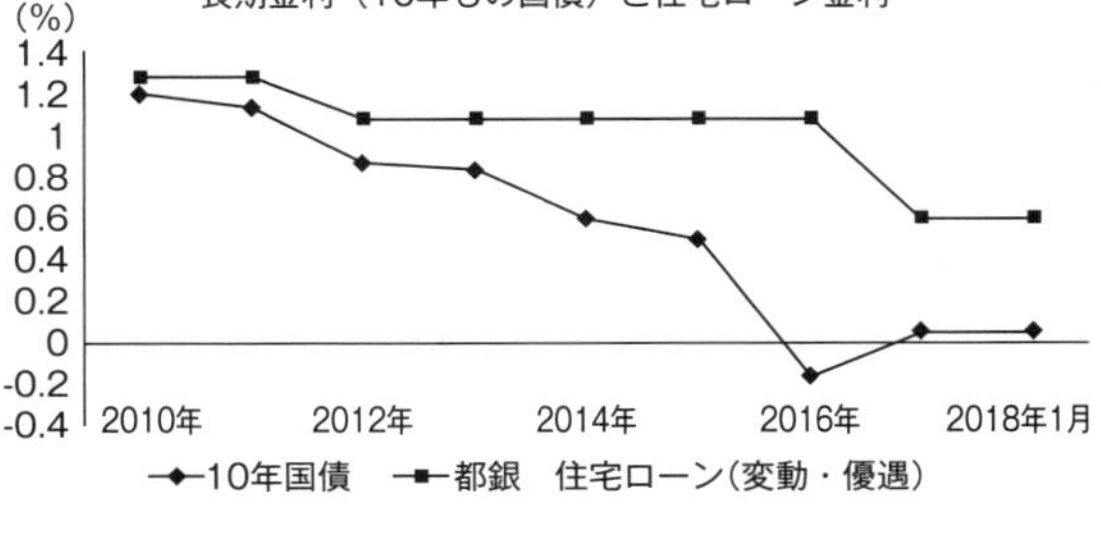

日本とギリシャとの政府債務残高の対GDP比を比べると、財政破綻が懸念されるギリシャの方が［ア］。このことは、政府債務残高のGDPに対する比率が一定の水準に達すれば財政危機が必ず生じるとは限らないことを示している。（解答は、「低い」）

国家ぐるみの粉飾決算で、財政赤字をごまかしていたギリシャ国債は、市場の信頼を失い、利率27・82％まで上昇（国債価格下落）しました。100ユーロの国債が72・1ユーロでしか売れない、まさに暴落状態です。この時もEUが救済しました。放っておくとユーロ通貨全体の信用にかかわるからです。

＊3　平成30年1月10日には、10年物国債は、1兆8507兆円の発行に対して、6兆9253億円の応札（3・74倍）になりました。

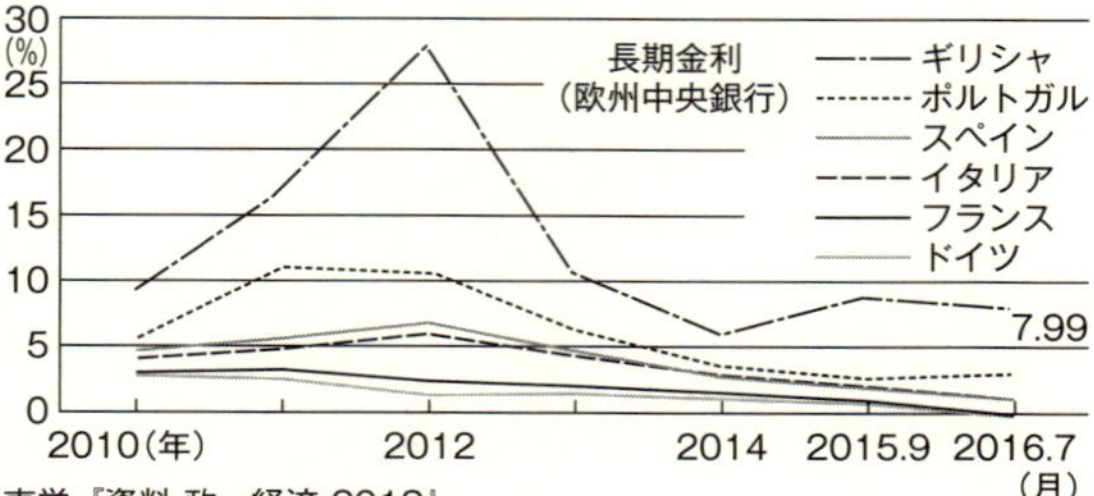

東学『資料 政・経済 2018』

日本財政は破綻（デフォルト）するのか

ギリシャの国債は、**約7割が海外から購入され、海外に対しての借金**となっていた。日本の国債は、**円建ての内国債**である。内国債とは、国内の発行市場で自国の政府が発行する国債のことで、一般的に自国通貨建てとなっている。

ギリシャは、粉飾決算の発覚・景気悪化による税収不足により、政府への信用が低下し外国資本が引き上げられ、資金不足となり海外に対して借金を払えなくなった……。

日本の国債は、円で返済するので債務不履行には陥らない。

浜島書店『最新図説 現社』P209

結論から言うと、管理通貨制の下では、**自国通貨建て国債をいくら発行しても、日本政府は原理的に倒産（デフォルト）できません**。その国債を日本人が持っていても海外投資家が持っていても同じです。返済が、「自国通貨＝円」で行われるからです。

海外投資家が持つ120兆円（2017年9月現在）の国債が、ある日一斉に売り浴びせられたとします。しかしそうしたところで、その額は日本の国債売買市場の1営業日取扱高38・5兆円の3日分にしかなりません。その場合、たとえ国債価格下落（金利上昇）が起こったとしても、その返済は、**価値の下がった「円」**で行われるだけです。「国債は円通貨そのもの」ですから、**国債と円通貨**のどっちを持っていても同じことです。

以下は財務省の公式見解です。

（1）外国格付け会社宛意見書要旨（2002年）

日・米など先進国の自国通貨建て国債のデフォルト（債務不履行）は考えられない

（2）質問　日本が財政破綻した場合、国債はどうなりますか？（2012年）

答　国債は政府が責任を持って償還いたしますので、ご安心ください

償還は確実に行われますが、その時返還されるのは、価値の下がった「円」です。つまり、国債価格下落で起こるのは、インフレと円安です。*4

日本はアベノミクスの金融緩和で、1ドル＝80円（12年）が120円（15年）と、円は50％も「暴落」しました。対外的には、日本国債の価値は50％も暴落したことになりますが、「日本国債暴落！」という論調は、日本に見られませんでした。「暴落」の定義自体、

あやふやなのです。

日本の財政問題、国債問題の本質は、債務不履行（デフォルト）にはないのです。最大の問題点は、財政の硬直化、中でも、社会保障制度にあるのです。

＊4　フランス革命の原因も、戦費のために青天井で発行された国債の暴落です。額面は1／100、文字通り紙くずになり、銀行家は国外へ逃げ、破壊的なインフレに悩まされました。そこに不作による食糧・飼料難がとどめを刺しました。

財政の硬直化

日本の国債は、円で返済するので債務不履行には陥らない。しかしながら、①財政の硬直化、②世代間の不公平、③金利の上昇といった問題が起こる。

浜島書店『最新図説 現社』P209

政府予算は、毎年毎年拡大しています。理由は、社会保障が黙っていても毎年1兆円増・国債償還費増だからです。政府の予算は無限ではないので、どこかが増えれば、他のどこかを減らさなければいけません。これが、**「社会保障費と国債償還費ばかりが増え、他の予算に回せない」という、財政の硬直化**という問題です。

社会保障費・国債償還費・地方交付税交付金は法律の裏づ

政府一般会計予算　推移

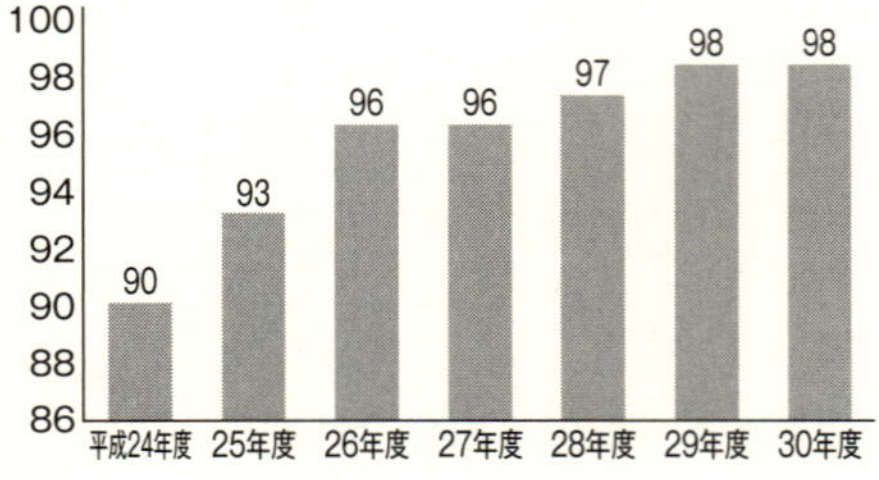

けがあり、減らせない予算です。政府が増減できるのは、文教費や科学振興費や防衛費などしかありません。

借金（赤字国債）でまかなえ！と言っても、国債償還費がまた増えるだけで、根本的な解決にはなりません。

「国土強靭化」で、10年間で200兆円もの公共投資を行う政策も主張されますが、財源を増税ではなく、借金でまかなうのなら、財政の硬直化をますます加速させるだけです。無責任といえるでしょう。

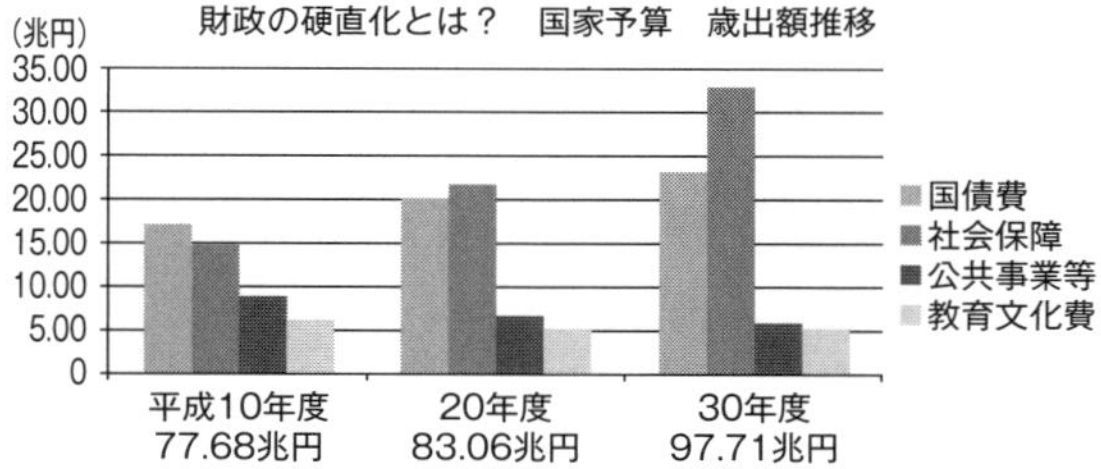

社会保障と国債費が急増し、他の予算が削減されている

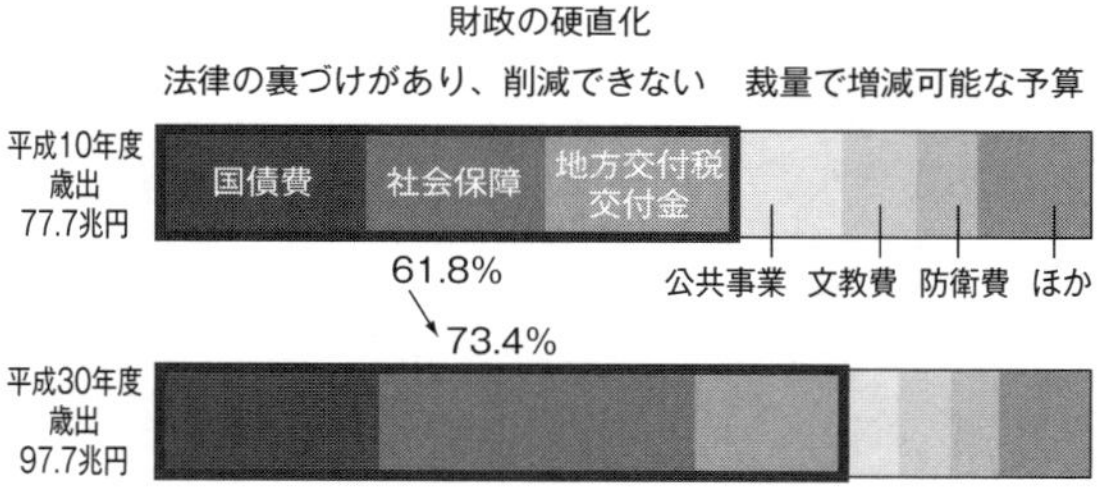

破綻するのは、社会保障

日本の最大の問題は社会保障システムにあります。

清水書院『高等学校 現代政治・経済 新訂版』P224－225

少子高齢化で高齢者の比率が上昇すれば、それだけで財政は悪化してしまう。……高齢化がさらにすすむ一方で、公費負担が増えなければ、現状の社会保障制度は破綻してしまうのだ。……残された選択肢は、社会保障給付を減らす、保険料を上げる、公費負担を増やす、のどれかである。

帝国書院『社会科 中学生の公民 より良い社会をめざして』P158

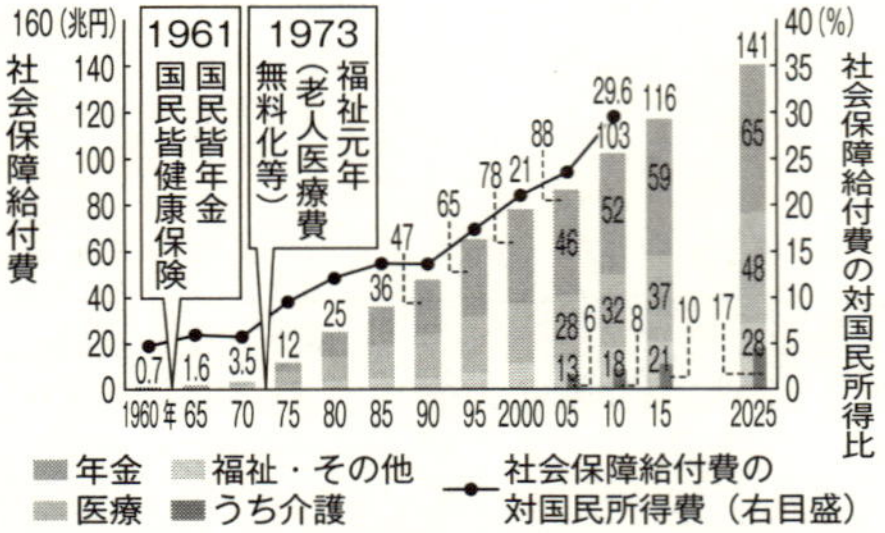

国立社会保障・人口問題研究所「平成22 年度社会保障費用統計」
厚生労働省「社会保障の給付と負担の見通し（平成18 年5 月）」
育鵬社『新編 新しいみんなの公民』2015年

高齢化が進むなかで、医療費や年金にかかる支出は年間1兆円以上増大しており、財源確保のために消費税の税率も引き上げられました。……そうした費用を、少子化で今後減っていく若年・中年世代と、退職した高齢者世代でどのように負担していくことが「公正」なのか、現代の日本社会にとって大きな問題です。

社会保障費は、高齢化により毎年毎年増えています。２０２５年には団塊の世代全員が後期高齢者（75歳以上）になります。本来は、年金・医療・介護の費用はそれぞれの社会保険でまかなうべきものですが、全く足りずに、税金投入（国家予算）がどんどん増えています。

例えば基礎年金は、２００９年度から国庫負担金の割合が、１／３から１／２に引き上げられました。基礎年金の半分は国家予算です。しかし、税収が足りないため、４割弱は「借金＝赤字国債」です。借金で高齢者基礎年金を支出しているのです。

社会保障給付費と社会保障負担（財務省資料より）

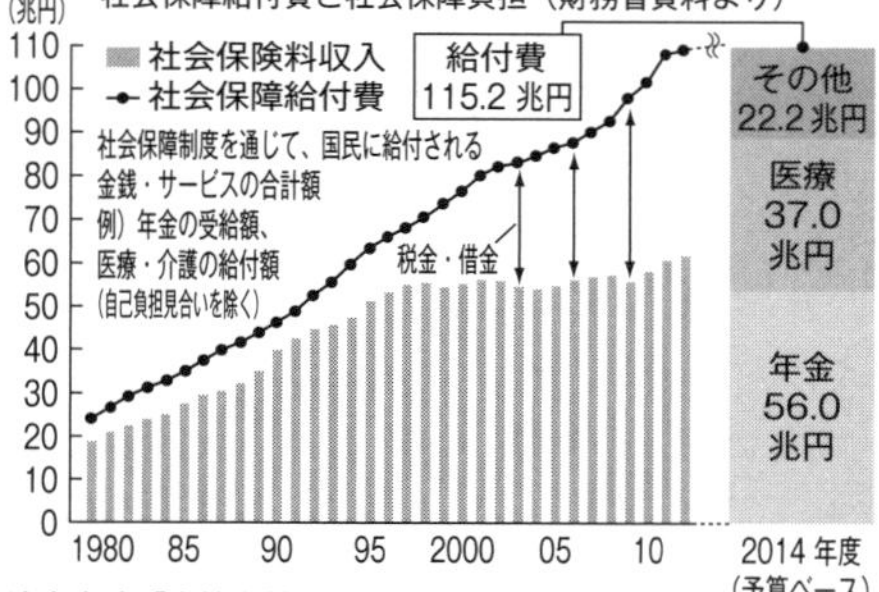

清水書院『高等学校 現代政治・経済 新訂版』

社会保障の仕組み

帝国書院『社会科 中学生の公民 より良い社会をめざして』P157

日本では、国民全員が医療保険・年金保険に加入することを義務づけられています（国民皆保険・皆年金）。その給付のための費用は、現在働いている世代の納める税金と社会保険料によってまかなわれています。しかし少子高齢化が進むなかで、保険料を納める働く世代が減少する一方、年金や医療保険給付を受ける高齢者が増えており、日本の社会保険の収支のバランスが悪くなっています。

とうほう『テーマ別資料 政治・経済 2018』P133

現在の年金制度は、**賦課方式**をとっている。つまり、現役世代が納めた保険料がそのまま高齢者に支払われるしくみである。

日本の年金は、各人が積み立てた保険料が老後に利息を加えて支給される積立方式ではなく、賦課方式です。つまりあなたが払った年金保険金は、あなたの老後には1円も残っておらず、そっくり今年の高齢者に回っているわけです。保険だけでは足りずに、さらに「税＋赤字国債」が投入されています。

ＧＰＩＦ（Ｐ81）は１６３兆円の年金積立金を運用していますが、平成28年度の公的年金額は54・８兆円ですので、３年相当額にすぎません。積立金は２０３８年でなくなり、２０５０年には最大８００兆円の債務超過になると厚労省は発表しています。

しかも、年金・医療・介護保険料はどんどん上がっています。大企業の社員が加入する組合健保の場合、平均保険料率は９年連続で増え、２０１６年度の１人あたり年間保険料は、07年度に比べて約９・６万円も増えています。18年度同組合予算では、保険料収入８兆円余りの４割強が、高齢者医療費の「仕送り」に回ります。収支が赤字の組合は62％に達し「仕送り貧乏」状態に突入しています。

この「かくれた税金」ともいえる社会保険料をどのくらい負担しているか、年収６００万円のサラリーマンで考えてみます。

この場合、手取り額は４６６・３万円です。

払っている税金は43・８万円、目に見えない税金（公的保険）は、その２倍以上、90万円払っています。[*5] しかもこの90万円は、被雇用者が払っている分だけです。公的保険は、企業も1／2負担しています。サラリーマンが90万円を負担しているとすれば、企業は88・75万円を負担しています。企業にとっては、88・75万円を本人に給与として払うか、国に保険料として納めるかの違いだけであって、実質的には688・75万円をサラリーマン1人に払っていることになるのです。この、企業の負担する社会保険料は、法人税の1・5倍にもなります。公的保険料という名の目に見えない税金を、どれだけ払っているか、イメージできますか？

第二次安倍政権成立後の3年間で、2人以上世帯の税＋公的保険の支出は、1月あたり5000円弱増、可処分所得は2000円強の増です（総務省）。給与所得が1％上がっても、そのうち0・6％は公的保険料に回っています。企業負担の保険料も0・6％増、企業は1・6％、実質給与を増やしていることになります。

サラリーマンと会社が負担している社会保険料66・3兆円（2015年度）を消費税に換算すれば、税率26・5％相当になります。これが**「公的保険」という名の目に見えない税金です。現行消費税を合わ**

年収600 万円のサラリーマンの場合

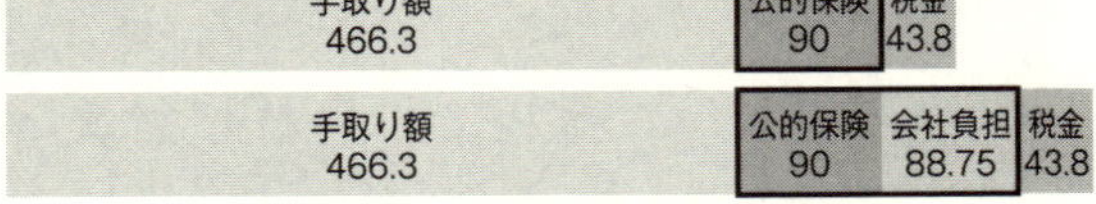

実質会社が負担する給与688.85万円

せれば、34・5％分の「消費税（表に見える税金＋目に見えない保険という税金）」が課されている計算になるわけです。

厚生年金保険料率は17年で引き上げが停止になり、18・3％で打ち止めです。しかし、年金支払いは今後も増え続け、その差を埋めるのは、「税金（うち1／3は公債）」です。65歳以上の高齢者は、すでに27・3％（平成29年）、4人に1人以上の割合です。彼らは、基本的に無職ですので、一般的には所得税を払っていません。

平成30年度の税制改正で、年収850万円以上のサラリーマンの所得税率が上がりました。所得税率を上げるということは、現役世代のみ、負担をさらに増やすということになります。社会保険料も所得税も、法人税も現役世代が負担していますから、今の社会保険制度は、現役世代のみが負担していることになります。

――帝国書院『社会科 中学生の公民 より良い社会をめざして』P161

日本の社会保険のしくみ

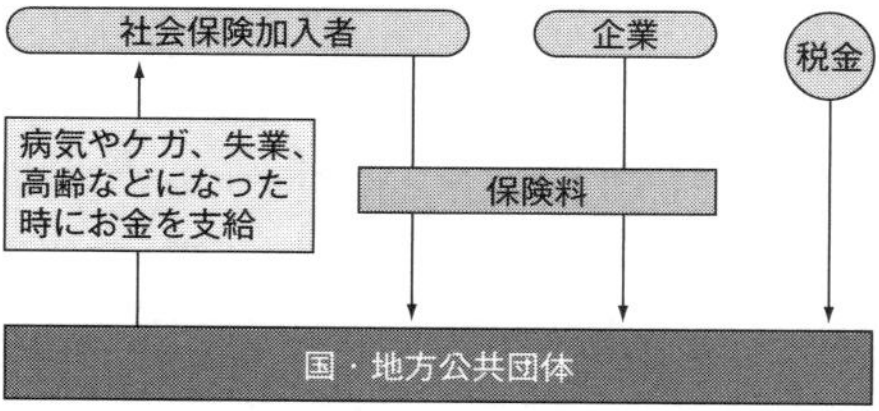

浜島書店『最新図説 政経』

消費税の税率が２０１４年度から引き上げられ、引き上げ分はすべて、社会保障の財源にあてられることになりました。しかし、社会保障給付費はそれを上まわる水準で増加し続けており、このままでは、再度の大幅な増税や、給付水準の引き下げが必要になる可能性もあります。[*6]

消費税率を2％上げる（5兆円税収増）ことに賛成だの反対だのは、「公的保険料66・3兆円＝消費税率26・5％相当をサラリーマンと企業で負担済み」「消費税を合わせれば実質34・5％相当分を負担済み」を考慮すれば、「そこは本当の問題点ではないでしょう」という、「枝葉末節」の話なのです。

主な国税の税収の推移（財務省資料）

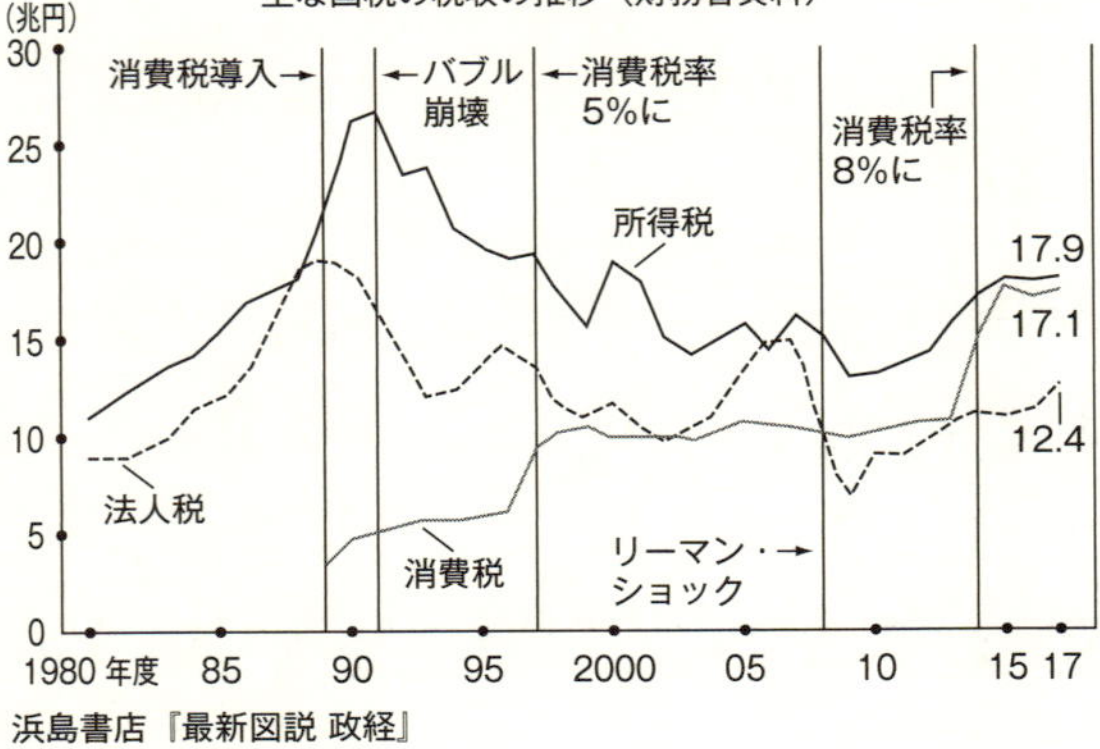

浜島書店『最新図説 政経』

東京書籍『新編 新しい社会 公民』P152

少子高齢化は、社会保障の在り方に大きな影響をおよぼします。少子高齢化が進むと、年金などの社会保障の給付は増えるのに、現役世代の人口が減り、税収と保険料収入は減少していくからです。このような中で社会保障をいかに充実させるかは、日本の大きな課題です。

＊5　年収700万円の場合、約100万円を公的保険料として支払っています（天引き）。源泉徴収票を確認してみましょう。この100万円は、あなたの老後には1円も残っていません。

＊6　2016年度の額面給与総額は、4年前に比べ、約16兆8000億円増加しています。一方、手取りの増加は、7兆9000億円（内閣府）です。額面の伸びの半分以上が、社会保険料や税金に消えています。結果、10年間で標準世帯の〝手取り〟は30万円減少（大和総研）しています。

少子化が、とどめを刺す

山川出版社『現代社会 改訂版』P137

　このような少子高齢社会では、年金・医療保険の受給者が増加し、その財源を支える現役世代の数が少なくなるため、現状の社会保障給付額を維持していくと、いずれ財政は破たんすることになる。

　高齢者を支えているのは、現役世代ですから、少子化は社会保障制度にとって、決定的なダメージを及ぼします。2015年には2・1人で高齢者1人を支えていたものが、2035年には1・2人になります。あなた1人の所得で、高齢者0・83人分の年金・介護・医療を、負担することになります。

　すでに基礎年金では、人数では、保険を払っている現役世代を、受給権者が上回る時代に突入しています。現在の水準を維持するなら、

世代間の支え合い？

高齢者（65 歳以上）を支える現役世代（20～64 歳）の人数

1970 年 8.5 人 → 2015 年 2.1 人 → 2035 年 1.2 人

（国立社会保障・人口問題研究所資料による）

とうほう『テーマ別資料 政治・経済 2018』

どう考えても持続可能性がないことは、はっきりしています。解決策は、以下の三つしかありません。

清水書院『高等学校 現代政治・経済 新訂版』P225

残された選択肢は、社会保障給付を減らす、保険料を上げる、公費負担を増やす、のどれかである。

国債発行に頼れば、財政の硬直化がますます進みます。社会保険は、すでに消費税率26・5％相当分に達しています。所得税は、現役世代、特に高額所得者に負担が偏っています。残された消費税率を2％上げても、社会保険料を2％分引き上げても、どちらも同じことです。

保険料も税金も引き上げずに、現在の社会保障制度を維持しろというのは、あまりにも虫のいい話です。

国民年金加入者数の推移（厚生労働省資料）

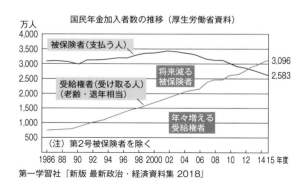

第一学習社『新版 最新政治・経済資料集 2018』

痛みは必ず生じます。[*7] 中福祉中負担を続けるのか、高福祉高負担を選択するのか、先に触れた、団塊の世代全員が後期高齢者になる２０２５年はもう目の前です。いずれにしても、今後、**あなたの財布の中身が増えることはありません。**

＊7　対策としては、国民医療費の36％（1人あたり93万円・65歳未満の約5倍）を占める75歳以上後期高齢者の自己負担率1割の増加、70～74歳の同2割負担の増加が考えられます。また、民法改正に伴い、高齢者夫婦ともに他界後に、老後にかかった社会保障費を、残った資産から回収するという方法もあります（相続税とは違います）。

第3章

そもそも経済学とは

この章では、経済学の見方・考え方について学びます。法学、文学、物理学、医学といったそれぞれの学問が、人間を法律的、文学的、物理的、医学的に分析・表現するのと同様、人間を経済学的に表象したのが経済学です。そのエッセンス（本質）は、希少性・選択・交換・現在と未来です。

「タイム・イズ・マネー」ということばがあります。これを経済学的に考えれば、「時間はカネで換算できる、時間はカネで買うことができる」というものです。つまりバイト代（給料）は、皆さんの持っている時間を売っていることです。貴重な時間ですから、できるだけ高値で売りたいと思うのは当然です。昼休みに、コンビニ弁当を購入したり、外食するのは、昼食を自分で用意する手間と時間（ヒマ）を買っている（節約している）ということです。皆さんの手間・ヒマを節約するために、法律家の法律相談があり、税理士の業務があります。この本のような入門書があるのもそうです（本格的に経済学を学ぶには、年単位の時間がかかります）。「現在＋未来」という限られた時間の、最も有効な活用法は何でしょうか？

世の中で提供されている職業（供給）は、すべて他者のコストを削減（無駄を省く）するために存在しています。その、分業生産された財・サービスを交換するシステムを、経済活動といいます。供給は需要に応え、さらなる供給が需要を産み出します。

経済的思考とは何か

帝国書院『社会科 中学生の公民 より良い社会をめざして』P108-110

モノやサービス（商品）を買いたいという私たちの欲求には限りがありません。しかし、私たちが使うことのできるおこづかいは、月に何円というように限られています。一方、同じ金額で買うことができるモノやサービスの種類と量にも限りがあります。……私たちはいつも、ゲームソフトだけを手に入れるのが一番良いのか、それともあきらめて別の商品を手に入れるのが良いのか、というような**選択**をしているのです。

……社会全体としても、モノやサービスをどれだけつくってだれに届けるのかという選択をしています。それは**資源**が限られているからです。このように、私たちの限りない欲求に対して、資源が不足した状態にあることを**希少性**とよびます。資源というと石油などの天然資源を思い浮かべるかもしれませんが、お金、土地、働く人、働く人の能力や技術、情報なども資源です。時間も、例えば私たちが中学生でいられるときは限られているように、貴重な資源だといえます。

希少性が高いモノ、例えば金のように、資源の量が少なく、多くの人がほしいと思うモノほど、価格は高くなる傾向があります。逆に、希少性がないモノもあります。例えば空気は地球上に豊富に存在するため、価格がつきません。

イソップ物語では、夏の間中遊ぶことなく冬に備えて食料をためていたアリと、夏の間中遊んでいたため冬にとてもひもじい思いをするキリギリスが登場します。アリは限られた時間を「今を楽しむ」ことではなく、「冬に備える」ことに使う選択をしたことになります。逆に、キリギリスは限られた時間を「今を楽しむ」ことに使って、「冬に備える」ことに使わない選択をしたことになります。私たちは現在何が必要なのかだけでなく、将来何が必要なのかも考えぬいて、選択をする必要があるのです。

市場で決められる商品の価格を**市場価格**といい、その変化を通して消費量（需要量）と生産量（供給量）が決められていく経済を**市場経済**といいます。このしくみによって、数えきれないほどのモノやサービスといった資源が、効率的に配分されています。

ちょっと長く引用しましたが、ここにはなぜ私たちが経済活動をしているのかという、経済学のエッセンスが、ものの見事に示されています。

経済活動とは、交換（トレード、貿易）のことです。「犬と犬が熟慮の末、骨を交換しているのを見たことがない」（アダム・スミス）というように、交換こそが、私たちホモ・サピエンスの歴史の始まりです。そして交換には、分業（特化）が必要です。分業が集落、都市、共同体といった私たちの営みを作ってきたのです。

第一学習社『最新政治・経済資料集 新版2018』P186

経済学を英訳すれば、「economics」となる。この語源はギリシャ語の「オイコノミコス」であり、「共同体のあり方」という意味[*1]になる。

＊1 「経世在民：世の中をよく治め人々を苦しみから救う」というのは後付の訳語です。「よく」などの価値観は、「オイコノミクス」には本来入っていません。

希少性

日本文教出版『中学社会 公民的分野』H27 P121

本当は、すべてのものをだれでも欲しいだけ手に入れられることが理想。無限の時間とお金、そんな魔法はこの世に存在しない。私たちは、使える時間もお金も限りがある。

清水書院『高等学校 現代政治・経済 新訂版』P116-117

希少性が交換を生む。そして、交換の際の条件を金銭であらわしたものが**価格**である。希少な対象を手放すためには、なんらかの対価が必要となる。時間が有限であるから、**雇用**というかたちで他人の時間を利用するためには賃金を支払わなければならない。

……便益を得るためには費用が必要である。

なぜ、経済（交換）学を学ぶのか？　それは、資源が希少であるためです。私たちは、欲しい財やサービスをすべては手に入れることができず、また無限に生産することもできません。その希少な資源をどう配分すれば効率的（エコ）なのか――そのことを経済（交換）学は研究しています。

例えば小遣いには限りがあります。家計の収入、会社の投資予算、自治体・国家の予算などは、言うまでもなくすべて有限です。土地や鉱産物も有限です。使いきれないような資産を持つ億万長者にも、24時間という時間の制限はあります。仕事をしたらその時間は趣味にはあてられず、睡眠時間も必要です。時間は貴重な資源なので、企業は従業員にお金を払って、その時間をゆずってもらっているのです。

選択とトレードオフ

清水書院『高等学校 新政治・経済 新訂版』P80

希少性のもとでは、あれもこれもという選択はできず、選択の場合には何かをあきらめなければならない（トレードオフ）。これが経済問題である。

日本文教出版『中学社会 公民的分野』P121

あなたなら、お金が8760円あれば何に使いますか。何かを買ってしまえば、もうそれ以外のものは買えません。だから何に使うかを選択しなければなりません。

小遣いには制約があるので（希少性）、何に使うかを選択しなければなりません。市の予算にも制限があり、学校の耐震化を進めれば、公営住宅の建設をあきらめなければなりません。企業でも、Aというプロジェクトに人員・予算を振り向ければ、Bプロジェクトはできません（縮小）。

放課後の時間を部活動にあてるか、塾にいくかという時間の選択。さらに、大学に進学するのか、就職するのか、どの会社で働くのか、結婚するかしないか、家を購入するか賃貸にするかという人生の選択。あらゆる場合に、あるものを選択したら、ほかの何かをあきらめなければならないという「トレードオフ」の関係が生じます。

トレードオフと機会費用

実教出版『最新政治・経済 新訂版』P73

もしもAを選択すればBを、Bを選択すればAをあきらめなければならないような場合、AとBとはたがいにトレードオフの関係にあるという。

……大学に進学するということは、進学しないで会社に就職した場合に得られたであろう所得をあきらめることでもある。あなたが大学に進学したことによってあきらめたさまざまな機会から得られたであろう額のうちの最高額を、あなたにとっての大学進学の機会費用とよぶ。

大学に進学する場合は、就職すれば得られたはずの4年間の所得を放棄することになります。この放棄した価値を機会費用（オポチュニティ・コスト／以下コスト）といいます。ある選択において、選ばなかった方を仮に選んでいたら得られた利益のことです。利益・便益を得るためには費用（コスト）が必要です。

このトレードオフとコストを示した図が、左記の三角形です。実際の選択肢は多種多様ですが、2種に単純化しています。これは、Aを増やそうとすれば、Bをあきらめなければならないというトレードオフの関係を示します。AとBを結んだ線は、限られた資源を目一杯に使って生産する2財の量の組み合わせを示す場合はフロンティア線、予算や時間など、限られた資源を目一杯使う場合の組み合わせを示す場合は予算制約線といいます。

同図でAが1単位の場合は、Bは2単位（①の位置）、Aを3単位に増やせば、Bは1単位減らさなければなりません（②の位置）。この時減らさざるを得なかったBの1単位が、Aを2単位増やす時にかかる機会費用（コスト）です。

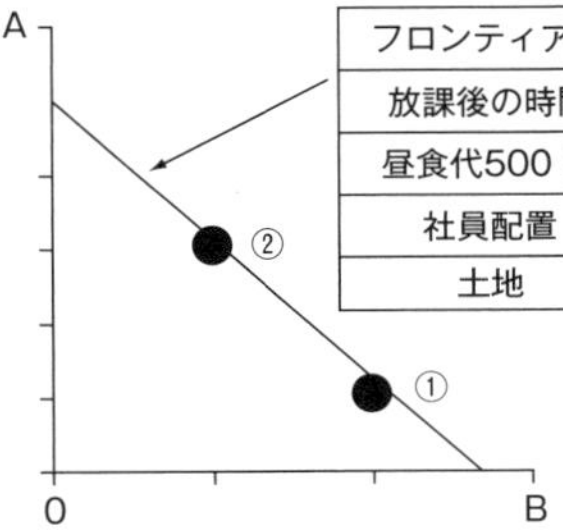

フロンティア線	A	B
放課後の時間	勉強時間	部活動時間
昼食代500 円	パン	飲み物
社員配置	液晶生産	太陽電池生産
土地	コメ生産	野菜生産

東学『資料 政・経 2018』

三角形の意味すること

Aを増やそうとすれば、Bをあきらめなければならないというトレードオフの関係は、次ページの図1のようになります。放課後の時間をA勉強時間に充てれば、B部活動の時間を放棄しなければなりません。空腹で全てAパンに充てれば、B飲み物を放棄することになります。放棄したBの時間・費用・生産が、Aを選ぶために放棄した機会費用です。

図2の、**三角形の面積（フロンティア線）の拡大は、**生産能力が増えたことを示します。ヒトや新技術・新機械の導入によって、時間あたりの生産量が増えるような場合です。予算制約線の場合は、小遣いが増えたり、B財の価格が下がったりする場合を示します。どちらにしても選択肢は大きくなり、実質所得が増えたことを示します。

生産性の向上により、**三角形の面積が増えるということは、経済成長して豊かになった**ことを示します（図3）。同じ時間・同じ労働力を投入して、生産できる量（三角形の面積）の差が、先進国と途上国、大企業と小企業の違いになります。

図1

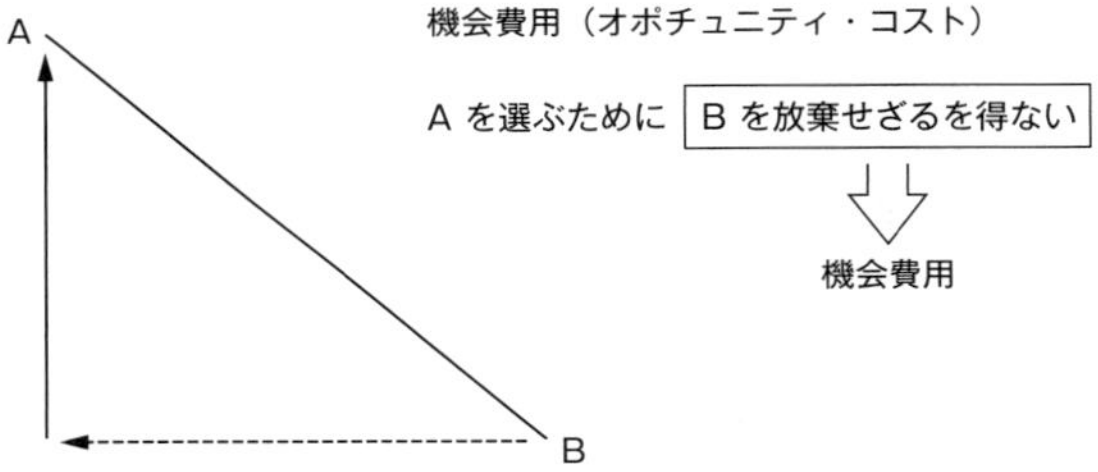

図2　フロンティア線・予算制約線の拡大

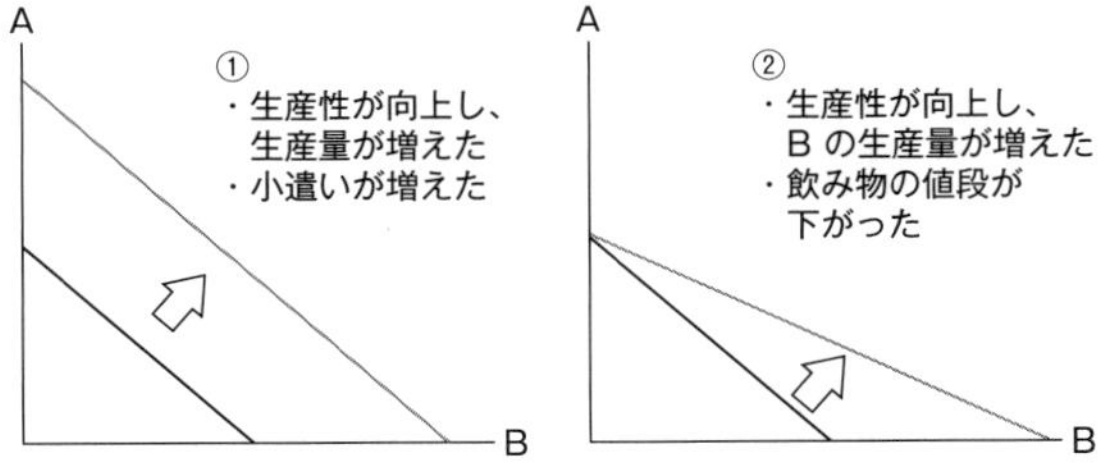

図3

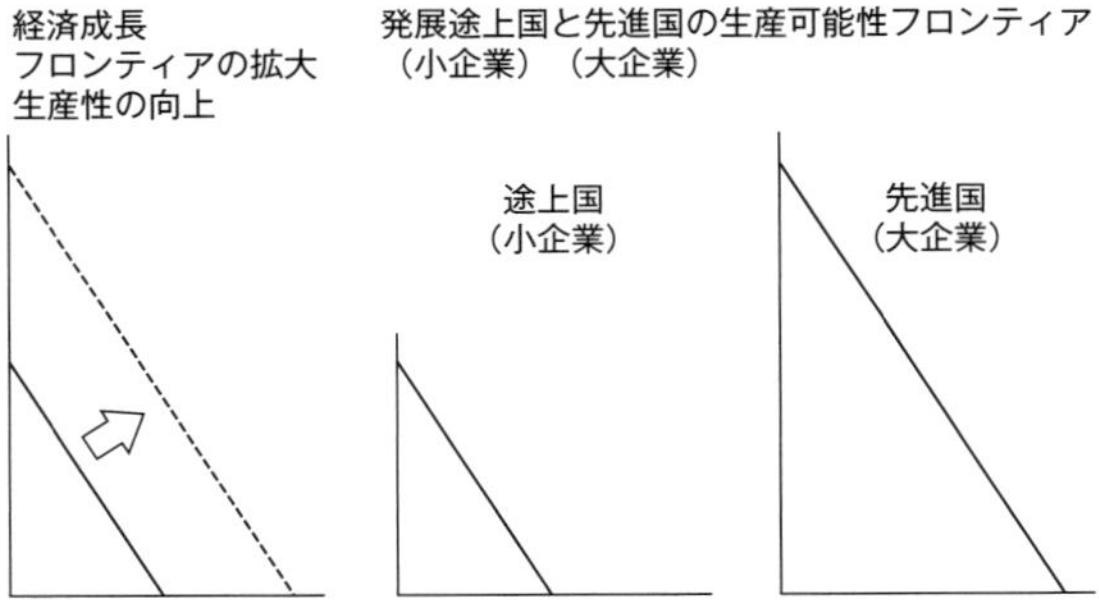

経済学史上の最強理論、比較優位

教育出版『中学社会 公民 ともに生きる』P174

貿易によって、それぞれの国や地域は、得意分野を生かしながら、自国で不足しがちな物資や製品を互いに補い合うことができるのです。イギリスの経済学者リカード（1772〜1823年）は、自由に生産物の交換を行い、国際社会全体の利益を増やそうとする「自由貿易」を提唱しました。

……それぞれの国が、他国と比べると得意といえる分野（比較優位がある分野）に生産を特化し、それを交換し合うことで、自国だけで生産した場合より多くの財を手に入れることができるのです。

リカードの比較優位・比較生産費説は、中学校の教科書にも登場するようになりました。高校では必修です。つまり、日本人の大半が触れているはずの理論です。

この比較優位は、経済（交換）学の、**希少性・選択・トレードオフ・機会費用（コスト）**というエッセンスをすべて含んだ理論です。人類史とともに始まった、経済（交換）活動が、なぜ行われているのかを説明する理論で、経済（交換）学の背骨そのものです。

はっきりいいますが、比較優位を理解できない人は、経済（交換）活動というものを、全く理解できない人ということです。英語でいえばアルファベットが書けないようなレベルの話です。そのような人が語る経済（交換）論は、単なるトンデモ論で読むに値しません。

ただし、この**比較優位ほど誤解された理論もありません。比較優位は、「常にどこででも成立する、自明ではない理論」**だからです。例えば天動説は、自明といえます。でも学問上・理論上は、地球が自転していることで起きる現象です。自明ではないとは「地動説のように、しっかり勉強しないと理解できない」というものです。「非」常識ですが、正しい方はこちらです。**比較優位を理解できるか否かは、あなたが経済（交換）を理解できるか否かのリトマス試験紙です。**

下の表は、国と国の例ですが、比較優位は個人から小企業・大企業、そして地域から途上国・超大国にいたるまで、およそ経済（交換）活動のあるところでは、「常にどこででも成立する」理論です。そして、この200年間、誰一人崩せなかった経済学史上最強の理論です。

A 国とB 国の生産と労働力の関係

	携帯電話1 台	オレンジ10 kg
A 国	50 人	100 人
B 国	240 人	120 人

教育出版『中学社会 公民 ともに生きる』

経済（交換）活動とは

①分業（特化）

東学『資料 政・経 2018』P372

「ピン工場では、1人でピンをつくるより、分業すれば240倍もの生産が可能（国富論）」。

18世紀の経済学者であるアダム・スミスは、著書『国富論』のいちばん最初に、分業の利益を記しています。分業の利益は、直観的に理解できると思います。ピンを最初から最後まで1人で作るより、作業を手分けして各自が自分の担当に専念した方が、はるかに効率よく生産できます。

『創世記』では、神が人間を楽園から追放したさいに、アダムには労働、イヴには出産という苦しみを与えて役割分担させたと教えますが、実際人間は有史以来、分業（特化）をしてきました。**先に分業があるので、経済（交換・トレード）活動が成り立ちます。**誰もが自給自足していたら、交換は生じません。初めから分業（特化）を行い、共同体を作ってきたのです。

②交換

清水書院『政治・経済資料集 2018』P321

買うよりも自分で作る方が高くつくものを自家生産しようとしないことは、賢い家長の行動原理である。仕立屋は、靴を自分で作ろうとせず靴屋から買う。靴屋は、洋服を自分で作ろうとせずに仕立屋を雇う。農夫は、洋服にしても靴にしても自分で作らずに、それぞれの専門家に注文するであろう。彼らは皆、周囲の人よりも長けている分野に全力を投入し、その生産物の一部を支払って、自分たちに必要なものを買うことが自分の得になると知っているのである。（アダム・スミス『国富論』一部改変）

スミスは続いて、分業（特化）後に生じる、交換（トレード）の利益について記します。私たちは、それぞれ8時間の労働時間を何かに特化（分業）し、生産活動を行っています。その生産物（財・サービス）を提供し、ほかの財・サービスを手に入れています（お金は媒

介しているだけです）。このように経済（交換・トレード）活動には分業（特化）が必要条件になります。人類と動物を分けてきたのは、この交換（経済）活動です。

清水書院『高等学校 現代政治・経済 新訂版』P117、192

交換を通じてのみ私たちは自分自身がつくっていないものを入手することができるのだ。……私たちは交換と分業によって自給自足経済では得られない、生活の豊かさや満足を得ている。

いったん国際分業が成立すると、各国経済にとって他国の生産物は不可欠なものとなり、相互依存関係が生まれる。

絶対優位・絶対劣位と比較優位

東学『資料 政・経 2018』P372
リカードは、なにを作っても不得意な絶対劣位（途上国、零細企業、子ども）者でも、絶対優位（大国、大企業、大人）者との交換で必ず利益が生じることを、「比較優位論・比較生産費説」で論じた。

スミスの分業論は、絶対優位に基づくものです。仕立て屋も、靴屋も、農夫も「周囲の人よりも長《た》けている分野」に分業（特化）しています。美的センス、細かな技術、広大な土地といったものです。この交換・分業は、大人同士、つまり同能力を持った人同士の分業と交換です。これは直感的にも理解できそうです。

次頁の図の場合、子どもや途上国は、何を作っても生産性が低い絶対劣位、大人や先進国は何を作っても生産性の高い絶対優位の地位にあります。ですが、これが行き過ぎると、「先進国はすべてにおいて生産性が高いのだから、発展途上国と貿易する必要はない」となってしまいます。「自国は豊かな方がいい。相手国は貧しいままでかまわない」「**貿易**

（トレード）は、富を奪うもの（重商主義）」。２００年前のイギリスがそうでした。残念ながら今日でも世界中に、重商主義に基づく「貿易戦争」などという言葉が残っています。

それに対してリカードは、「子どもと大人、零細企業と大企業、途上国と先進国という、圧倒的な生産性の差がある場合でも、『分業と交換』で必ず利益が生じる」ということを明らかにしたのです。

健常者（絶対優位）に対し、体の不自由な障がい者（絶対劣位）は、働くことにおいて、ハンディキャップが存在します。それでも、両者が社会（交換活動）に参加することで、必ず社会的利益は増進します。比較優位は、「この世に無駄なヒトなど、誰一人いない」という事実を証明した、経済学上最大の発見なのです。

絶対優位・絶対劣位は相手との比較です。それに対して比較優位は、自分自身の中での生産性（得意なもの）の比較です。自分の中で、少しでも得意なことに分業（特化）すれば、必ず社会的利益が生じるのです。

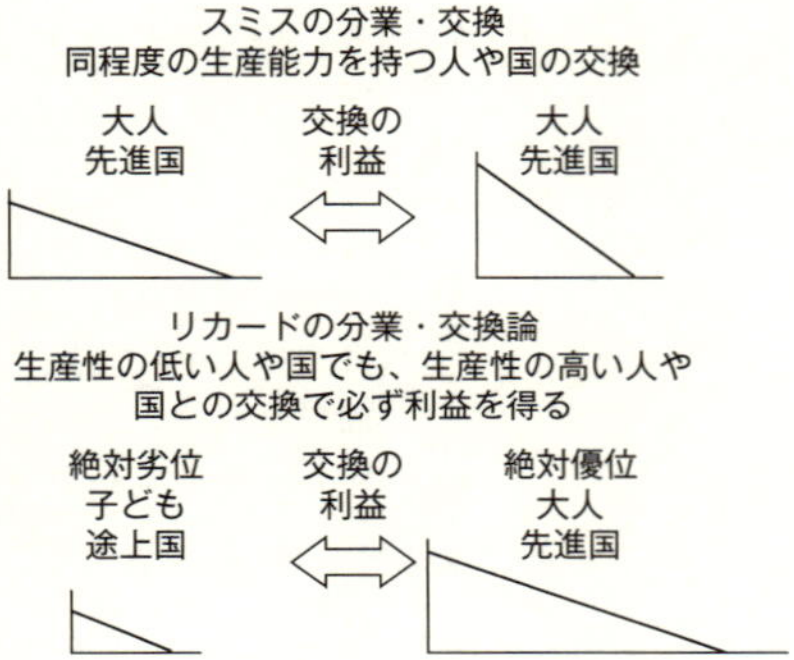

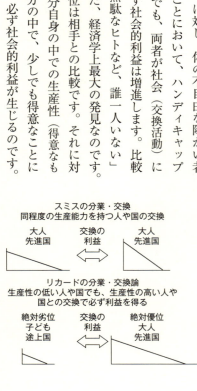

比較優位

先進国であるA国と途上国であるB国の二つの国で見てみます。A国は何を作るにしても少ない人数で効率よく生産ができる、生産性の高い絶対優位国です。逆にB国は絶対劣位国です。

両国の労働者で生産できる生産可能性フロンティアは次ページの図1になります。A国は労働者15人で携帯電話なら3台、オレンジなら15kg生産できます。この三角形がA国の最大生産可能領域です。一方B国は同36人で、携帯電話なら1・5台、オレンジなら30kg生産できます。ともに、携帯電話の生産を増やしたいのなら、オレンジの生産をその分だけあきらめなければならないという、トレードオフの関係にあります。

両国の機会費用（コスト）は図2になります。A国は、携帯電話1台の生産のためにオレンジ5kgの機会費用（コスト）がかかります。

わかりやすく、人数を1/10 に

	携帯電話1 台	オレンジ10 kg
A 国	5 人	10 人
B 国	24 人	12 人

教育出版『中学社会 公民 ともに生きる』

B国は20kgのコストです。A国は携帯電話生産において、比較優位です。一方、B国はオレンジ10kgの生産に、携帯電話0・5台のコストで済みます。オレンジについて、B国が比較優位です。

分業・交換社会なので、両国は自国の中で生産性の高い（コストの低い）、比較優位財の生産をします。資源を有効に使い、一番効率的だからです。A国は携帯、B国はオレンジ生産になります。

個人の仕事も同様です。8時間の労働時間を、自身の中で得意な財・サービス*2の生産に費やします。

その後、分業（特化）で生産した財・サービスを、他の財・サービスと交換しています。

*2　ベストまたは、自身が納得のいくベターな仕事につき、分業（特化）しています。

図1　生産可能性フロンティア
両国はこの線以上の生産・消費はできない

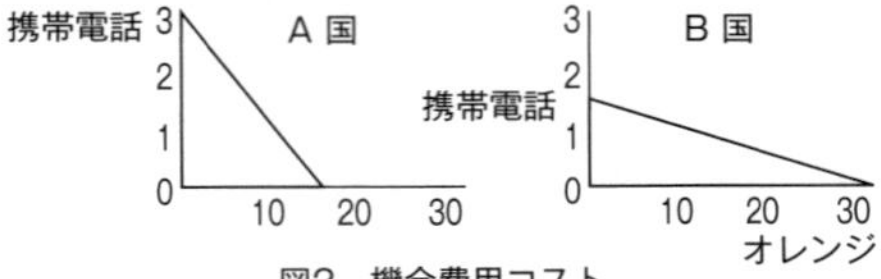

図2　機会費用コスト

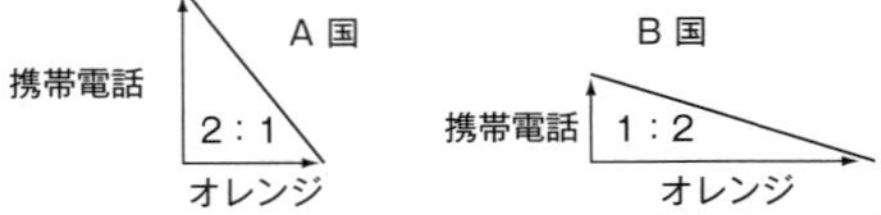

機会費用コスト	A 国	B 国	
携帯1 台のコスト	5 kg	20 kg	A 国が比較優位
オレンジ10 kgのコスト	1.5 台	0.5 台	B 国が比較優位

交換はトクだから行われる

東京書籍『新編 新しい社会 公民』P132

一人の労働者が生み出すことのできる財やサービスは限られていますが、それぞれの労働者が役割分担することで、社会全体で必要な財やサービスがまかなわれています。

A国は15人の労働力で携帯を3台、B国は36人の労働でオレンジを30kg生産します（AさんBさんという個人と考えても同じです）。これを交換すると、両国のフロンティア（世界の生産量＝消費量）は、携帯3台・オレンジ30kgになります。両国のフロンティアは拡大します。

三角形の面積が増えるということは、両国ともに豊かになることを示します。A国・B国ともに、新しいフロ

図3　得意な（生産性の高い）分野に特化

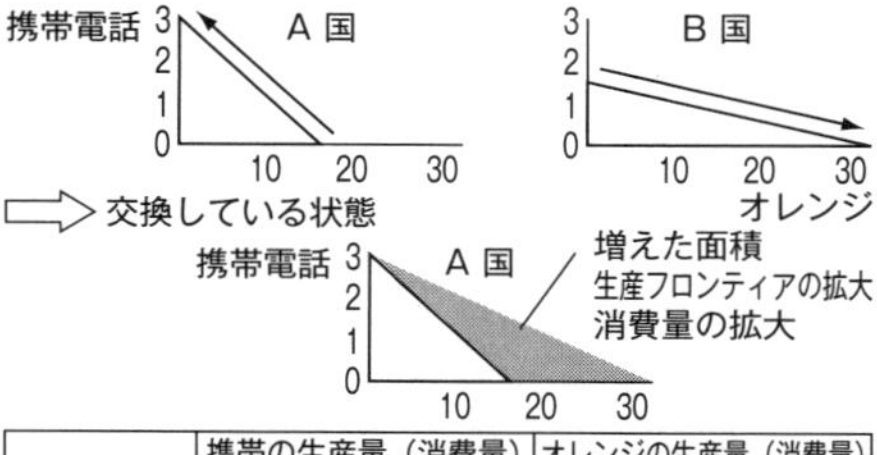

	携帯の生産量（消費量）	オレンジの生産量（消費量）
貿易前	2 台	20 kg
貿易後	3 台	30 kg
貿易の利益	＋1 台	＋10 kg

ンティア線上のいずれかの消費を行うことができます。

この交換は、両者ともにトクなので行われています。新しい機会費用は1：1になります。A国は、オレンジ10kgを手に入れるために、携帯2台分のコストがかかっていたのですが、1台分のコストで手に入るようになります。B国は携帯1台のために、20kgのオレンジ生産コストがかかっていたのですが、10kgのコストで済むようになっています。**両国ともに、低コストで、欲しいものを得られるようになっているのです。**

交換は、必ず両国の機会費用（コスト）の間で行われます（新機会費用）。新コストは両者の旧コストの間で決まることになります。**互いにとって「コストが低くなる＝互いにとってトク」だから、自由意志の下で交換が行われるのです。**

清水書院『高等学校 現代政治・経済 新訂版』P117

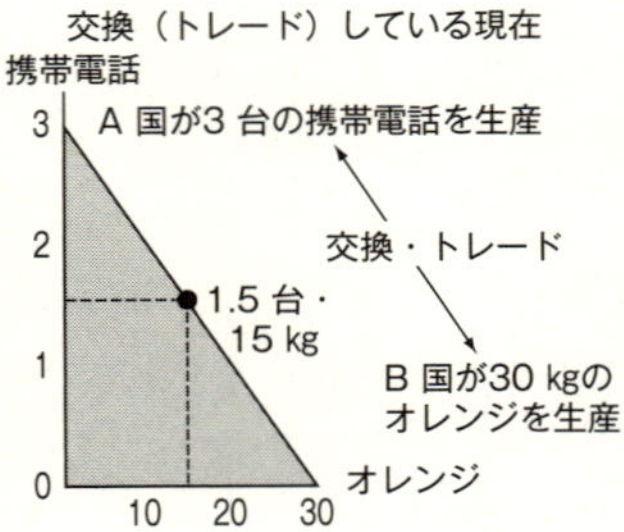

	携帯　オレンジ
A 国の旧機会費用コスト	2：1
⇩	
新機会費用コスト	1：1
⇧	
B 国の旧機会費用コスト	1：2

私たちは交換によって失うもの（**費用**）と得るもの（**利益・便益**）をくらべて自身の行動をきめている。

……費用を上回る便益が得られる**交換**しかおこなわれない社会では、取り引きは、それが成立したならば、必ず双方にとって得となる。

このように、両者がトクしない限り経済（交換）活動は行われません。ところで、A国（Aさんと考えても同じ）は、絶対優位（先進国）、B国は絶対劣位（途上国）でした。これが比較優位の神髄です。**比較優位の前には絶対優位・劣位など、全く関係がない**のです。

経済（交換）活動を止めると

アメリカのトランプ大統領は、2018年2月、同国に輸入されている鉄鋼に25%、アルミに10%の高関税をかけることを決定しました。自由な交換（トレード）を制限する保護貿易です。これは自前主義、要するに、自給自足に近づけるということです。鉄鋼生産は、同国内において、比較劣位産業です。そこに、比較優位産業から労働者を移動させようとしています（実際、鉄鋼業界の雇用は増える模様です）。自由貿易状態から、自前主義に無理やり持っていくと、必ず、利益を失います。経済活動は、分業と交換が前提で、自前主義など、その摂理に反するのです。比較優位を論じるときは、①現実（交換社会）→②理論的想定（自給自足）と分析するのが、順番です。②→①ではありません。

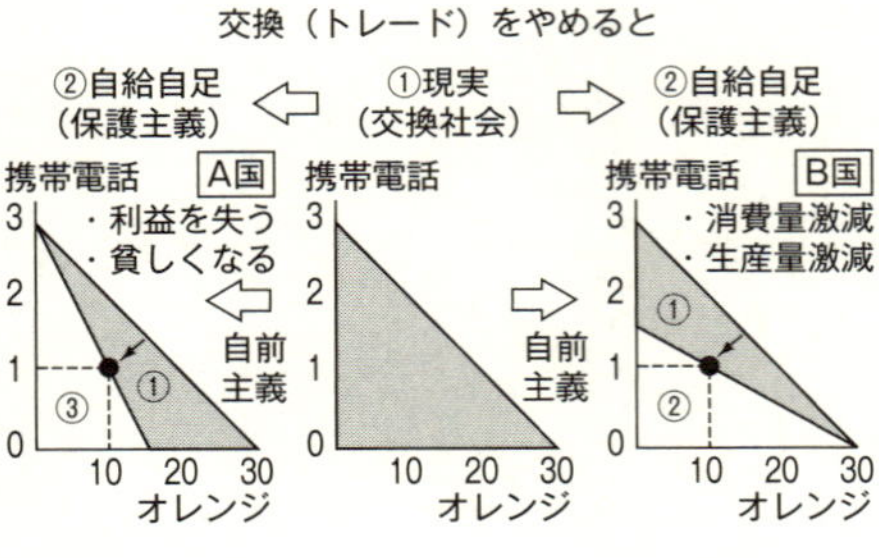

労働時間で見る比較優位

図1　生産フロンティア（8 時間で生産できる量）

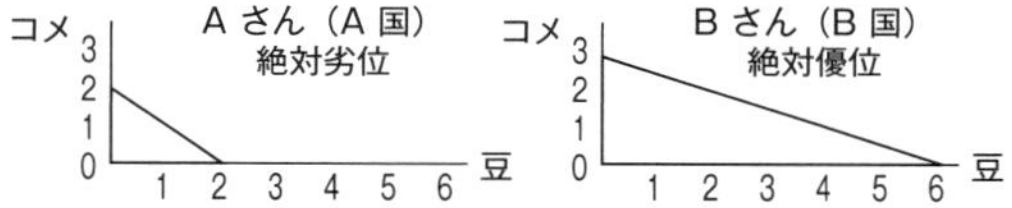

図2　機会費用コスト

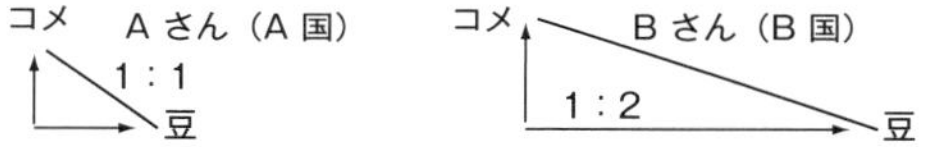

機会費用コスト	A	B	
コメ1 kgのコスト	豆1 kg	豆2 kg	Aが比較優位
豆1 kgのコスト	コメ1 kg	コメ0.5 kg	Bが比較優位

	A		B	
	コメ	豆	コメ	豆
①自給自足	1	1	1	4
②分業（特化）	2	-	-	6
③交換	1 1			1.5 4.5
④交換後消費量	1	1.5	1	4.5
⑤貿易の利益		+0.5		+0.5

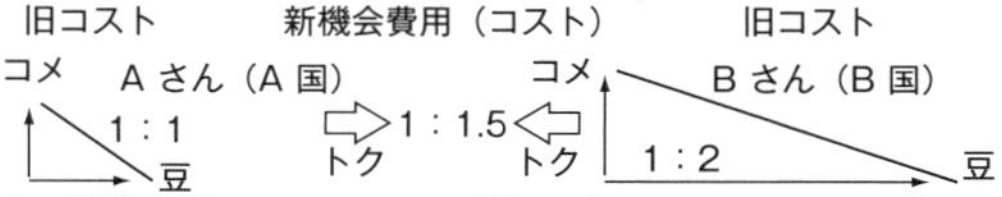

コメ1 kg手放して豆1 kg⇨コメ1 kg手放せば豆1.5 kg

豆1.5 kg手放せばコメ1 kg⇦豆2 kg手放してコメ1 kg

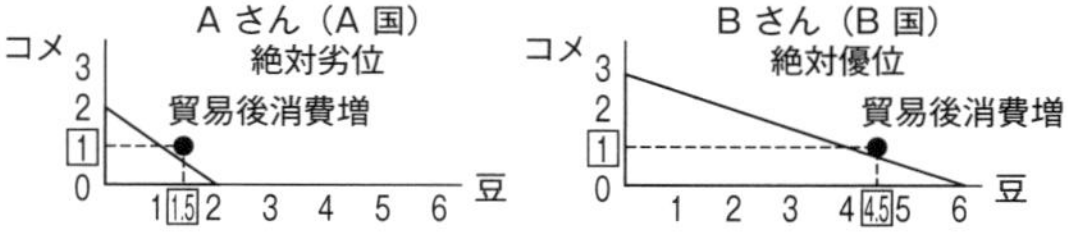

交換をやめると、生産フロンティア内の消費しかできない
・利益を失う　・貧しくなる

東学『資料 政・経 2018』　※数値と品目は変更してあります

比較優位は変化する

比較優位は、「生産性の高さ＝機会費用コストの低さ」のことですから、次々と変化します。個人が新しく学歴・資格を身に付けることもそうです。コンパクトのデジカメはスマートフォンに代替され、メーカーであるソニーの稼ぎ頭はいまや金融業（保険）です。中国は世界一の自動車生産台数を誇り、衣料産業はバングラデシュやベトナムが比較優位となっています。「農業国は農業国、工業国は工業国であり続ける」ことなど、あり得ないのです。個人・企業・国内産業内で、比較優位は次々と変化します。

すべての財で比較優位にはなれない

アメリカは石油・鉄鉱からハイテク兵器まで生産できる絶対優位国ですが、その中でも、比較優位は必ず存在します。できるだけ低い機会費用（コスト）で、できるだけ高い生産性を追求するものだからです。逆に最貧国の一つハイチにも比較優位は必ず存在します。

完全特化はない

比較優位を説明した三角形図は、説明を二国（二人）・二財に単純化したものです。実際には、世界中で、何十億人もの労働者が、何万種あるかわからないほどの膨大な種類の財・サービスを生産しています。二種二財などの完全特化にはならず、部分特化になっています。

数研出版『改訂版 政治・経済』P119

見えざる手　アダム＝スミス『諸国民の富（国富論）』

どの個人も、自分の自由になる資本がどれほどであろうと、そのためのもっとも有利な仕事を見いだそうと、絶えず努めている。彼の眼中にあるのは、まさに彼自身の利益であって、その社会の利益ではない。

……どの個人も必然的に、その社会の年々の収入をできるだけ大きくしようと、骨を折ることになるのである。……**その勤労を、その生産物が最大の価値を持つようなしかたで方向づける**ことによって、彼はただ**彼自身の儲けだけを意図しているの**である。そして彼はこの場合にも、他の多くの場合と同様に、見えざる手に導かれて、彼の意図のなかにまったくなかった目的を推進するようになるのである。……**自分自身の利益を追求する**ことによって、彼はしばしば、実際に社会の利益を推進する場合よりも効果的に、それを推進する。

アダム・スミスの有名な「見えざる手」の記述です。これは、実は比較優位のことを表した文章でもあるのです。自分自身の中で、一番得意なもの、すなわち一番生産性が高く、最大の価値を持つものに特化することは、最大の利益（儲け）を得ることなのです。自身の比較優位の追求によって、社会全体の利益は結果的に増大するのです。

第1章で見たように、GDPは一人一人、一社一社の付加価値（儲け）の総額でした。豊かな社会は、知らず知らずに行われている、みなさんそれぞれの比較優位の追求によってもたらされているのです。付加価値（儲け）があるということは、その分だけ社会へ貢献していることを示すのです。

需要・供給曲線の導出

生産（供給）者も消費（需要）者も、自分の利益の追求によって、社会全体の利益を最大にすることは、需給曲線によって示されます。

①需要曲線

需要曲線は、右下がりになります。価格が高いと需要量が少なく、価格が低くなると需要量が多くなる関係を示します。予算線の拡大をもとに下図の例で考えてみます。飲み物の価格が下がった場合です。

価格の変動で、量も変動します。B財の価格が200円のときは、3個（グラフの

需要と供給による価格の決まり方

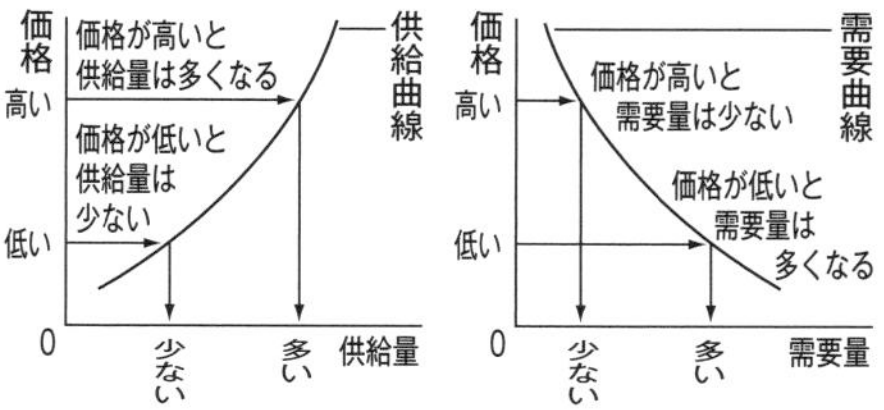

育鵬社『新編 新しいみんなの公民』2015年

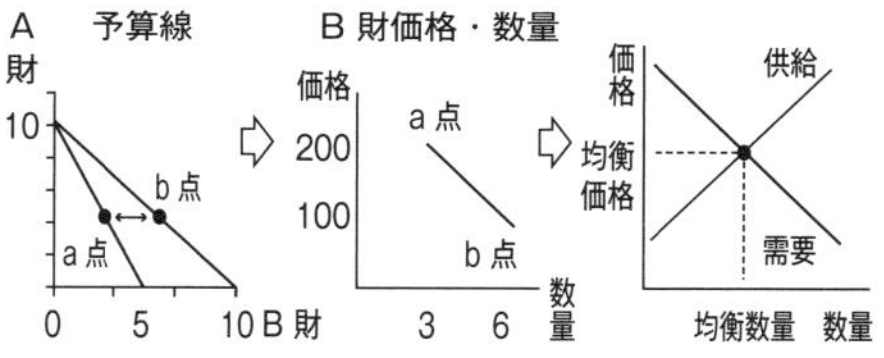

a点）ですが、100円では、6個（b点）に増えます。つまり、価格が下がると、需要量が増えます。この時のa点とb点をグラフに書くと、真ん中のグラフになります。これが、買い手の需要曲線です。財・サービスの価格が変動すると、買い手は需要量を変化させます。

②供給曲線

企業の目的は利潤（儲け）の最大化です。儲けが最大になる点を結んだものが、供給曲線です。利潤＝収入－費用です。収入は、価格（例500円）×量（100個）です。

費用は固定費用と可変費用があります。前者は店舗賃貸費・月給などで、生産量がゼロでも発生します。後者は材料費やバイト代など、生産量に応じて増える費用です。

次のページ図1のグラフの①は、大変効率のいい部分です。店主1人の天丼店が、バイトを雇い、接客・レジを担当してもらう場合です。店主は天丼づくりに専念できます。作業効率が上がり、費用をかけても生産量がグンと伸びます（傾きが緩やか）。しかし②の部分になると、費用をかけても生産量が増えていません。狭い厨房で、バイトを3人4人と増やせば増やすほど、効率がかえって落ちていきます。天丼1杯あたりにかかる追加（限界）費用が増えていきます（傾きが急）。

この天丼店の利潤が最大になるのは、総収入と総費用の差が最大になるa点です。あと1個でも生産量を増やせば（減らせば）、もうけが少なくなる限界点です。これ以上生産を増やすと、限界費用が大きくなり、利潤が減ります。このa点で、限界収入と限界費用（天丼1杯を追加生産したときの収入と費用）の傾き（三角形の形）が一致しています。

続いて、天丼の市場価格が上がった場合です。例えば、1杯千円が2千円に値上がりしたとします。このとき、収入曲線は、上方にシフトします。同時に利潤最大点は、b点になります。企業は、価格が上がると、利潤を最大化するために、生産量を増やすのです。これがa点とb点を結ぶ供給曲線で、右上がりになります。図2のb点でも、三角形の形（傾き）は一致しています。つまり、供給曲線とは、a点とb点の限界費用を結ぶ、限界費用曲線のことです。

図1

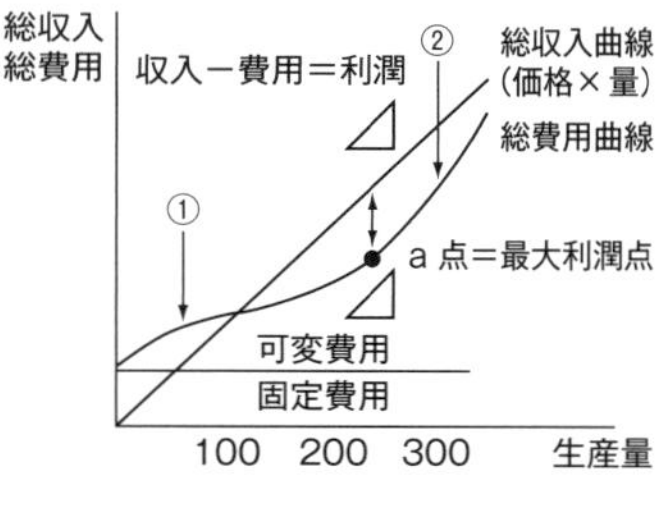

図2

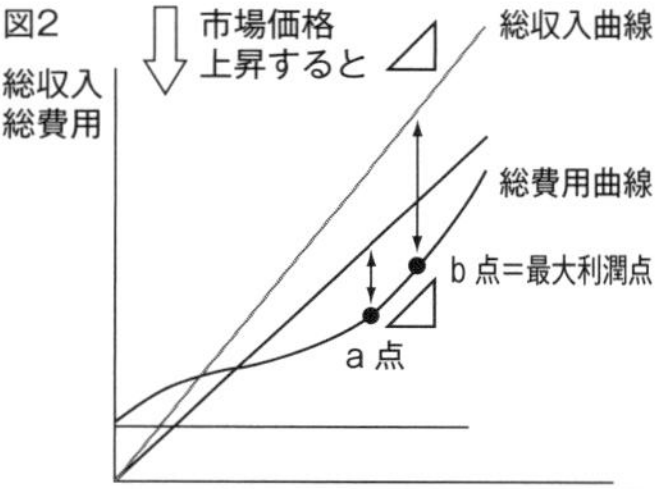

価値（価格）はどう決まるのか

とうほう『政治・経済資料 2018』P208

限界革命…個々人の主観的価値−効用により財の価値は決定されるとし、スミス以来の労働価値説を越えた新たな価値論を展開。以下の3人の学者が、同時期に限界効用理論を発見した。

限界効用…消費者が、財を1単位追加して消費するときの効用（欲望満足の度合い）の増加分のこと。

L・ワルラス／W・S・ジェヴォンズ／C・メンガー

スミスやリカードらの古典派は、財の価格は、投下した労働量によって決まるとしていました。労働価値説です。マルクスが有名ですね。「釘よりもハサミの方が、馬車よりも機関車の方が、労働投入量が多い。だから、価格が高くなるのだ」。供給側の論理です。

しかし、これでは水とダイヤモンドのパラドックスに答えられません。水は必需品なのにもかかわらず価格は安いが、ダイヤは高い。労働価値説では、水は近くにあるが、ダイヤは遠くに行って採らなければならないので高い、というような説明しかできませんでした。しかしこの説明では、ダイヤ鉱山の近くだと、ダイヤは安くなってしまいます。
そこでワルラス、ジェヴォンズ、メンガーの3人は、価格は需要側の「主観」によって決まるのだと唱えました。水をもらう場合、1杯、2杯と単位を増やすにつれ、満足度（限界効用、マージナル・ユーティリティ：追加1個あたりの効用）が低下します。そのうちに「もういらない」となります。しかしダイヤをもらう場合は、何個増えても、満足度（限界効用）は、あまり低下しないのです。これが主観です。つまり、需要側の論理です。

清水書院『政治・経済資料集 2018』P219
マーシャルは、限界原理に立脚しつつも古典学派の業績も豊かに受け継ぎ、**ケンブリッジ学派**（狭義の新古典学派）の創始者となった。

この供給側の論理と需要側の二つの論理は、マーシャルによって統一されます。マーシャリアン・カーブと呼ばれる時間の長さを組み入れた需要・供給曲線です。

①限界効用説が成立する場合

例えば、朝のセリ市場です。魚の供給量は決まっていて、水揚げした量をすぐに売らなければなりません。時間の長さを考慮できない「短期」の市場です。ですから、供給曲線は垂直に近い状態（量は一定）です。このような市場では、価格は需要側の主観（需要量）によって、決まります。

②労働価値説が成立する場合

缶詰のような大量生産・長期保存ができる財の場合、生産者は原材料や労働時間を調整し供給量を変化させることが可能です。この場合、供給曲線は、水平に近い状態（量は増減）です。これが時間の長さを組み入れる「長期」の市場です。価格は、供給側の客観（投入費用など）で決まります。

価格は、需給のどちらで決まるのか？「両方が相まって決まる」（マーシャル）のです。

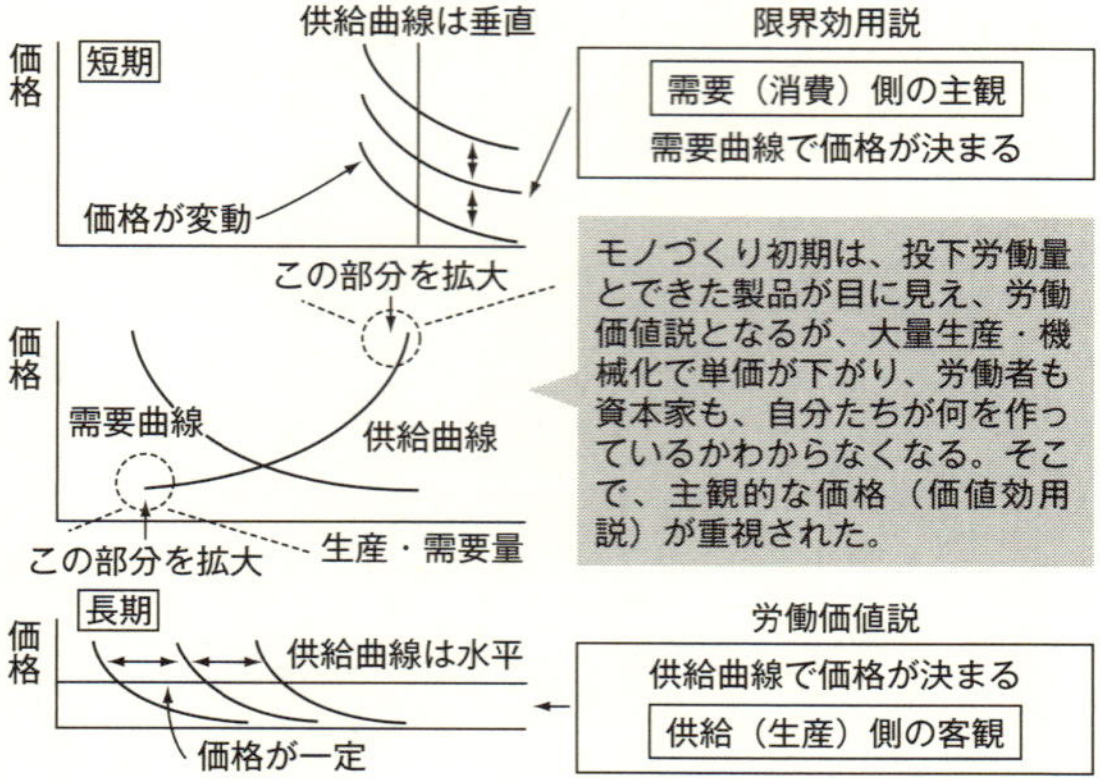

市場メカニズムが最適

実教出版「2018 新政治・経済資料 三訂版」P215

消費者余剰とは、買い手である消費者が支払ってもよいという最高額と実際に商品を買うときに支払った金額を差し引いた額のことで、買い手の便益ともいえる。また、**生産者余剰**とは、売り手が商品を売って得た金額から、生産に要する費用を差し引いた額のことで、売り手の便益ともいえる。

需給曲線の交点は、価格と量の均衡点です。天丼店（供給・生産者）の利益を最大限にした点であり、お客さん（需要・消費者）の満足度・効用を最大にした点です。世の中のすべての天丼店とお客さんを合計すると、天丼市場の需給曲線が出来上がります。この点が、資源（労働力、時間、材料など）を最大限に使用した、最も経済のパイが大きな状態になります。すべての生産者・消費者余剰＝便益（ベネフィット：利益）＝トクが最大になっているからです。

需要曲線は右下がりです。1杯目の天丼にいくらまでなら払うか、2杯目は……と増やしていくと、最後はお腹がいっぱいになり「もういらない」となります。つまり、追加（限界）効用＝満足度は低下し、①消費者余剰（効用－価格）：トクは低下します。全ての消費者評価の集計が需要曲線です。

　供給曲線は右上がりです。天丼1杯あたりにかかる追加（限界）費用は増えます（P135）。②生産者余剰（価格－費用）：トクは低下します。全天丼店の集計が、供給曲線です。

　①＋②＝総余剰＝世の中全体のトクは、均衡点で最大になります。

需要曲線と供給曲線

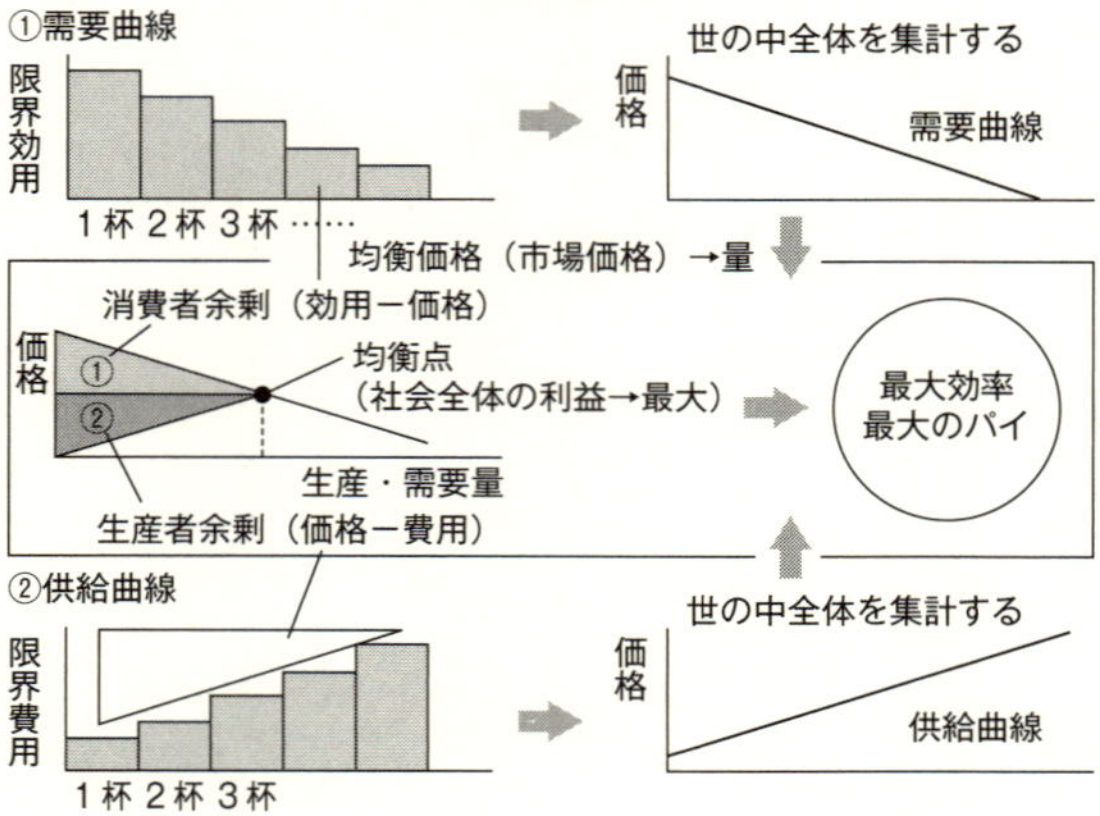

余剰分析1

東京書籍「新編 新しい社会 公民」P138

市場経済では、価格（**市場価格**）が上下することによって、人々が欲しがっている商品は多めに、あまり必要としていない商品は少なめに生産されます。ちょうど交通信号機が色を変えることによって人や車の流れを調節するように、価格は上がり下がりすることによって、労働力、土地、資金などの生産資源の流れを調節し、それぞれの商品の生産に適量だけ使われるようにするのです。このように、市場経済では、価格の働きによって、生産資源が無駄なく効率的に利用されるのです。

この市場メカニズムを無視して、「消費者のために価格を下げよう」などと、政府が価格規制をすると、とんでもないことになります。品不足が生じ、社会の総余剰が減ります。

次ページの図1が市場メカニズムにまかせた場合です。総余剰＝社会全体の便益＝トクは最大になっています。

価格を規制すると、図2のようになります。消費者余剰は増えるものの、生産者余剰は減り、社会全体の総余剰は減少します。減少した部分を死荷重（デッド・ウェイト・ロス）といい、社会全体で失った利益を示します。
　1973年のオイルショックの際に、アメリカでガソリン価格が規制され、混乱は2〜3カ月続きました。生産者の持つガソリンは他国に流れてしまい、供給不足になりました。

図1　市場メカニズムにまかせると

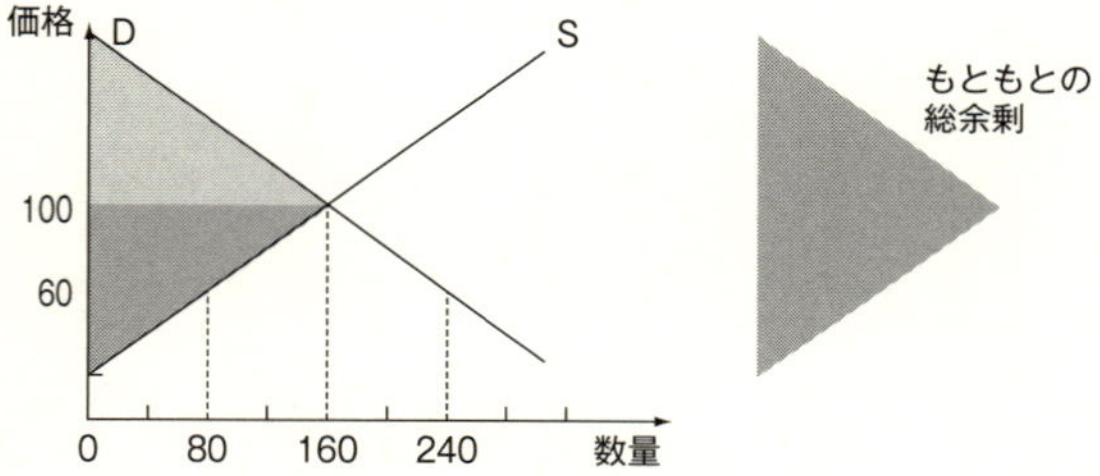

図2　消費者のために価格を60に規制すると

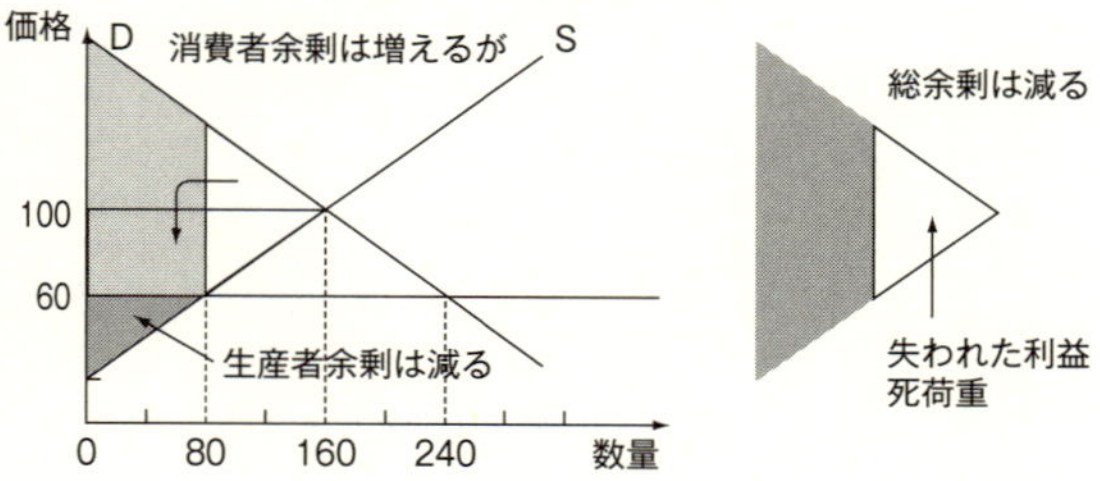

余剰分析2　農業を貿易自由化しても、問題ない

実教出版「2018 新政治・経済資料集 三訂版」P215

国際価格が国内価格よりも低いと輸入が生じる。輸入が行われることで、国内取引も国際価格で行われるようになる。……これに伴って、消費者余剰利潤は拡大する。一方、生産者余剰は縮小する。したがって余剰の合計は増加する。

国際価格の低いコメを輸入すると、消費者余剰増＋生産者余剰減となり、日本全体の総余剰は増加します。これが貿易の利益です。ただし、消費者余剰増加分は、国民全体に広く薄く行きわたりますが、生産者余剰減は、一部の生産者に集中します。

対策は、①関税をかけ価格を引き上げる、②補助金を支給する、のどちらかです。①と②を比較すると、②の方が死荷重が少なく、総余剰のロスが少ないことがわかります。つまり、**貿易を自由化するなら、関税よりも補助金の方が望ましい**のです。日本全体で増えた余剰の一部を、生産者に補助金として支給することで、消費者・生産者ともにＷＩＮ－

WINが実現できるのです。

EUとのEPA（経済連携協定）+TPP対策として、日本政府は、牛・豚肉農家への赤字補てん率を9割に引き上げますが、**経済学的には100%正しい政策**となります。

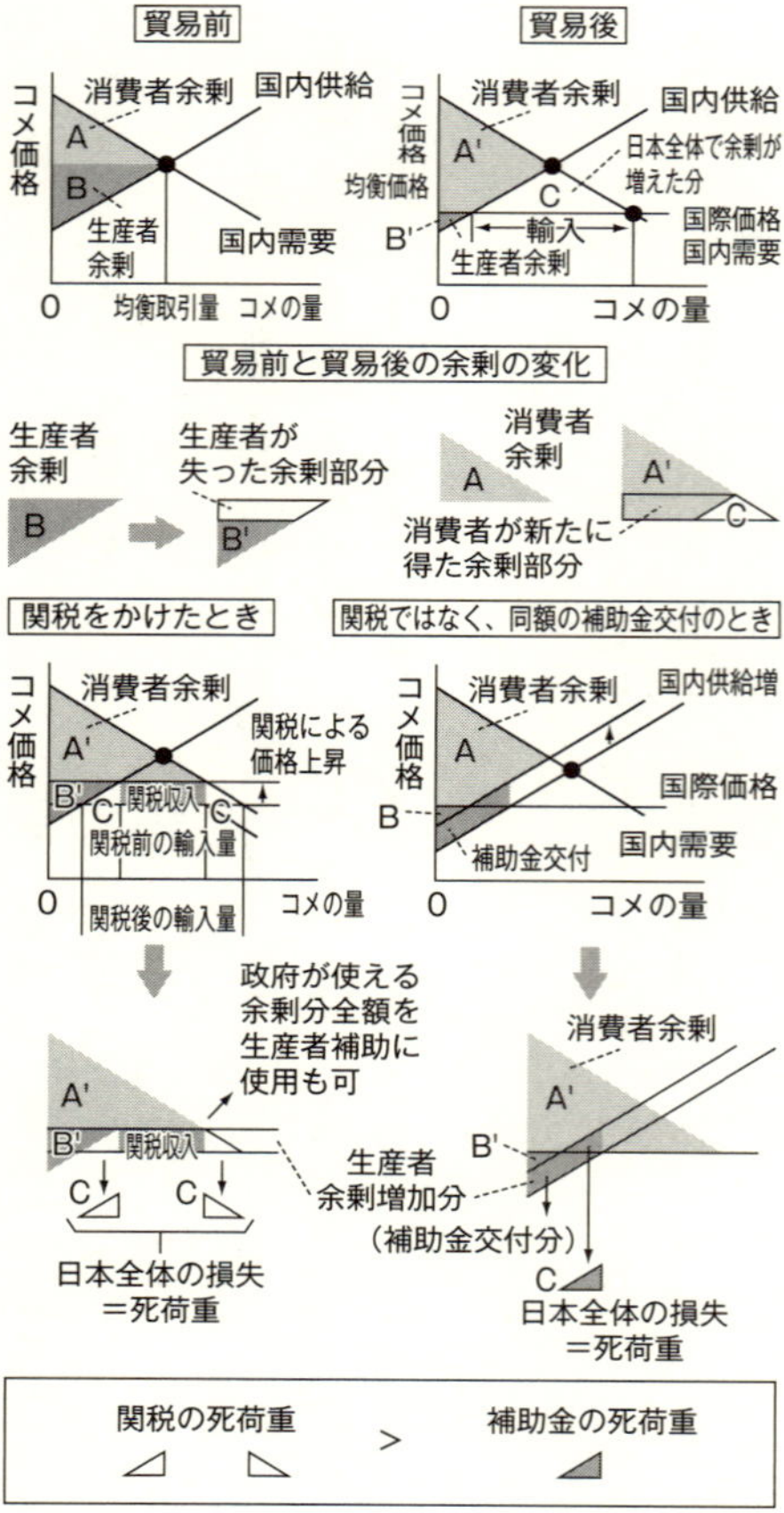

世界の農業は、補助金だらけ

東学『資料 政・経 2018』P407

ＥＵも米国も補助金漬け。米国の農業所得に占める直接支払い金の割合（％）は小麦62・4、トウモロコシ44・1、大豆47・9（2011年）。サトウキビの砂糖輸入が最も安く効率がよいのだが、国内ビート（砂糖大根）農家を補助し、米国砂糖価格は国際価格の2倍。

先進国の農業は、補助金だらけです。どのくらいすごいのかというと、ＥＵの農家は、事実上の公務員といえるほど、補助金を支給されています。ＥＵの予算で一番多いのが、農業予算

農家純所得に占める補助金割合

スウェーデン	545.9%	オランダ	110.8%
フィンランド	278.2%	イギリス	105.4%
フランス	179.7%	オーストリア	88.9%
ドイツ	151.2%	ポーランド	76.5%
アイルランド	117.2%		

（農水省、2012年度）

EU多年度財政枠組み（2014-20年）

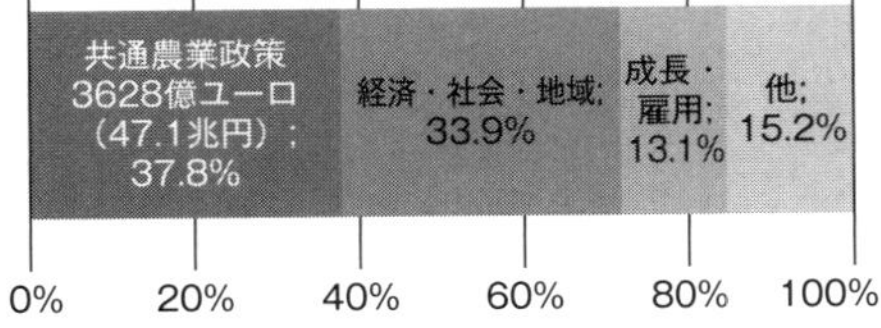

です。2014年から20年の総額は47・1兆円（1ユーロ130円）、2018年は6・6兆円です。欧州で最も規模の大きい英国の穀物経営でも、全国平均では赤字で、平均740万円（5万ポンド）の補助金で成り立っています。欧州は、公的資金で農業をやっているのです。

米国も2014年から、収入保障型＋損失補償型の補助金制度を導入し、2016年の支出は1兆3780億円（1ドル106円）に上ります（2016年度／農水省）。日本は5602億円（2013年度）です。

関税率も各国で高く、バターは、カナダ300%、EU200%、米国120%、チーズはカナダで245%です。日本は米国牛に38・5%の関税をかけていますが、米国も日本牛に26・4%の関税をかけています（15年現在）。

ここからわかるのは、**農作物は余っているということです。余っているので、入ってこられると困るのです。**

日本の主な高率関税

品目	実行関税率
コンニャクイモ	1,706%
コメ	778%
小豆	403%
バター	360%
小麦	252%
牛肉	38.5%
革製品	30.0%

主な国の関税

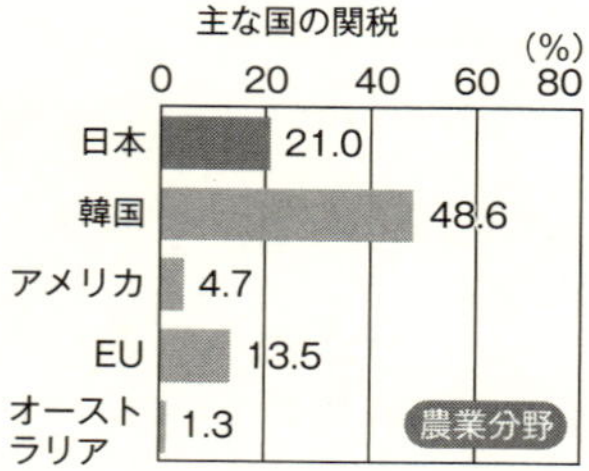

とうほう『テーマ別資料 政治・経済 2018』

食糧は余っている

実教出版『最新政治・経済 新訂版』P138、144

世界の人口は、20世紀の後半に急増し（人口爆発）、2012年には70億人を突破した。今後は、2040年代に90億人をこえ、21世紀末には100億人に達すると推計されている。ここから、「将来、人々の食料はたりなくなるのではないか」と心配になる人もいるだろう。

1961年から2010年までの50年間に、世界の人口は2・25倍に増加したのに対して、人類の主食である穀物の生産量は、2・78倍に増加した。つまり、人口の増加よりも、穀物の生産量の増加のほうが大きかったのであり、人類は、1人あたりでみて、より多くの穀物を手にできるようになった。しかも、この間に世界の穀物の耕地面積はほとんど拡大しておらず、穀物の増産は、世界的にみれば単収（単位面積あたりの収量）を高めることで達成されてきた。また、穀物の単収は、先進国で高く、アフリカなどの発展途上国で低い。このことは、特に途上国で単収をのばしていく余地が大いにあるということを意味しており、それゆえ世界の穀物生産量は今後も増加していくと考えられている。

したがって、「このまま人口が増加すると、やがて食料がたりなくなり、食料危機がおこるはずだ」

とむやみに心配する必要はない。

日本を含む先進国では、年々大量の食料品が捨てられている。その多くは食べ終わったあとの生ゴミではなく、たんなる食べ残しや、買いだめしていて消費期限がすぎたもの、なかには未開封のまま捨てられているものもある。

こうしたフードロス（食品ロス）は、現在世界の食料品生産の3分の1にも達しており、日本でも年間の食品廃棄物約1950万トンのうち約600万トンはフードロスであるという（農林水産省）。

東学『資料 政・経 2017』p403

国連食糧農業機関（FAO）によると、1人当たりの穀物供給量は1961年の128kgから2001年には149kgに増え、食肉の供給量は23kgから37kgに増えています。人口急増の時代でも食料は人口を上回って増えていました。この事実を知れば、人口増加率が急低下する21世紀において、世界食料危機を心配する必要はないと考えられます。

食料はあり余っています。食料危機は起きません。「カロリー自給率が39％しかない、

食料安全保障が大事だ」と農水省は主張しますが、その根拠は不明です。同省の「食料・農業・農村基本計画」では45％を目標にしていますが、そのために「耕作放棄地（42・3万ha・富山県並み）をフル活用し、イモ類を中心に栽培する」という、戦時中並みの計画（机上の空論？）になってしまっています。

自給率を上げるには、穀物（コメ・麦・トウモロコシ）を摂取することが必要です。野菜・果物・魚・肉・乳製品・飲料などは、穀物よりカロリーが低いので、自給率に寄与しません。記録上、自給率が最も高かったのは、1960年の79％です。貧しかった時代は、コメしか食べるものがなかったので、自給率がこんなに高かったのです。

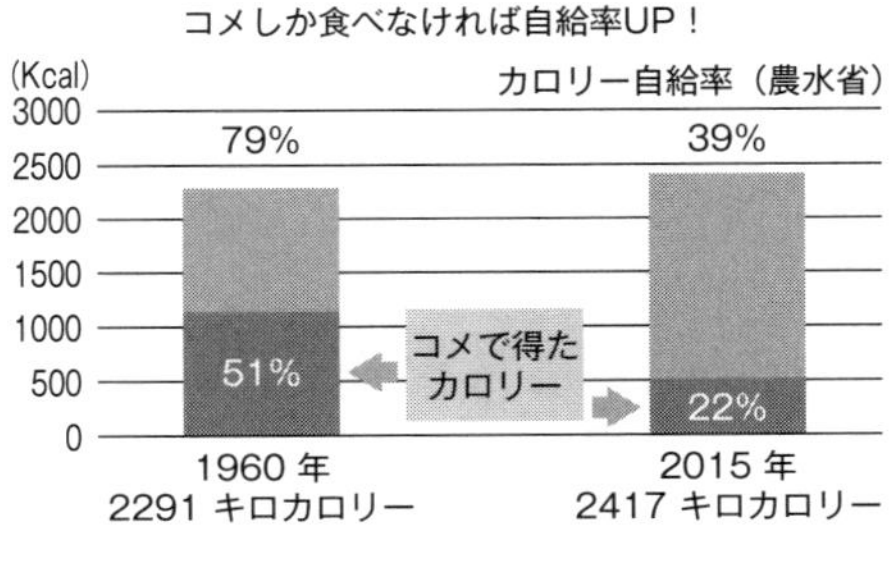

輸入チーズ、キャビア、フォアグラ、トリュフ、マグロ、エビ、ワイン、果物他、高級食材が並んだ豊かな食生活を送れば送るほど、カロリー自給率は低下します。

「食料安全保障とは」

世界的な人口増加等による食料需要の増大、気候変動による生産減少など、国内外の様々な要因によって食料供給に影響を及ぼす可能性があり、食料の安定供給に対する国民の不安も高まっています。

このため、不測の事態に備え、日頃からそうした要因の影響等を分析、評価するとともに、不測の事態が生じた場合の具体的な対応手順の整備等を進めておく事が重要です。（**農林水産省ウェブサイト**）

「要因」の一つが戦争ですが、世界の食料基地である米国・ブラジル・豪州・カナダなどの国の間で戦争が起こるとは思えません。日本の小麦全輸入額は、2222億円です（2013年度）。農業補助金は5602億円、うち、コメの転作・飼料米転換補助金だけで、2770億円です（同）。万が一の際には、補助金を全額、小麦の輸入に転用するだけで、食糧は十分に確保できるのです。

需給曲線のシフト

実教出版『最新政治・経済 新訂版』P77

価格が同じままでも需要が増える（減る）状況が生じれば、需要曲線は右側へ（左側へ）シフトする。
たとえば、消費者の所得が増え、消費に使えるお金が増えれば、需要曲線は右側へシフトする。
……価格が同じままでも供給を増やせる（減らす）状況が生じれば、供給曲線は右側へ（左側へ）シフトする。

需要増（減）→右（左）シフト、供給増（減）→右（左）シフトです。

たとえば、バターが値上がりすると、競合関係にあるマーガリンは、価格が同じでも割安になって需要が増えるため、需要曲線が右側にシフトします。また、ある歌手の人気が落ちたとすると、価格が同じでもCDの需要曲線は左側にシフトします。

あるいは、技術革新の結果コストが低下すれば、同じ価格でもより大量に供給することができ、供給曲線は右側へシフトします。また、間接税が増税されると税が価格に上乗せされる結果、供給曲線は左側にシフトします。

なお、需要と供給は別の要因で動きます。**「需要を増やせば、供給が増える」ことはありません。均衡点が移動するだけです。**

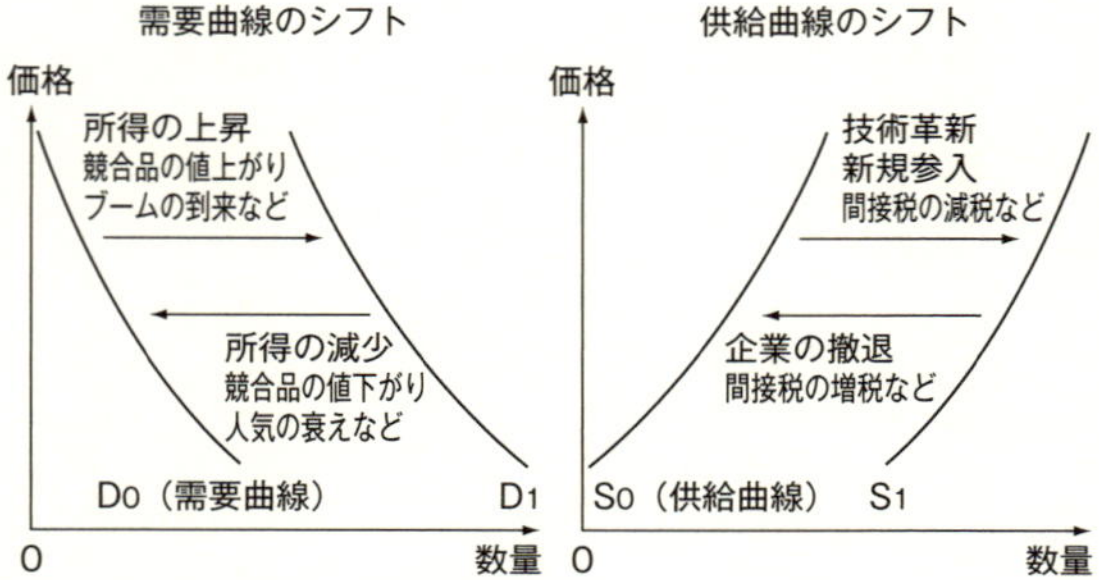

実教出版『最新 政治・経済 新訂版』※一部改変

第4章

マクロ経済学

この章では、「マクロ経済学」の変遷をたどります。国全体の生産、失業、景気、物価水準といったものを扱うマクロ経済学が誕生したのは、ケインズ以後のことです。それまでは、需要と供給の論理がすべてであり、この論理は、マクロ経済学誕生によって「ミクロ経済学」と称されることになりました。

需要と供給の世界では、結果的には常に「需要量＝供給量」になります。これについてケインズは、「需要量＜供給能力」で均衡する状態があるとしました。失業者がいるというのは、その供給能力、つまり労働力をすべて使っていない状態ということになります。ケインズは、そうなってしまうメカニズム（流動性選好）と、対処方法としての総需要管理政策（財政＋金融政策）を提案しました。これがケインズ経済学で、その信奉者をケインジアンといいます。

ケインジアンの総需要管理政策は、1970年代の固定相場制崩壊とともに終焉を迎えるのですが、現代日本の特に中高年層は、いまだにケインズで止まったままです。「とにかく財政支出（需要）を伸ばせばよい」というゾンビ理論が、書籍やネット上を徘徊しています。

「2％のインフレになっていない、金融緩和しても貸し出しが伸びていないから失敗」というアベノミクス批判も、理論を知らない的外れのものになっているのです。

マクロ経済学は、とっても簡単

本章では、マクロ経済学の発展を次のように見ていきます。

1. 大恐慌発生

「供給>需要」だから失業が発生する（労働資源をフル活用していない）。

2. ケインズ

「供給>需要」だから、需要を補い、完全雇用状態に！ 不況は「消費」ではなく「投資」減が要因だ。民間に代わって政府が公共投資すればよい（財政）。利子を下げて、投資をうながす方法もある（金融）。完全雇用が実現すれば、総需要拡大政策などは必要がない。

3. 政治 ポピュリズム

選挙で勝つには、とにかく地元民、国民に受ける政策が必要だ。予算を大きくし、ばらまきだ（予算獲得）。中央銀行は、企業のために「利率を下げろ！」。昔も今も、大衆民主主義（ポピュリズム）。

4. 狂乱インフレ

財政拡大＋金融緩和＝止まらないインフレ→オイルショックがトドメ。不況なのに、インフレ＝スタグフレーション。

5. フリードマン

政府や中央銀行の裁量政策がよくない。政府の仕事は「予算の配分」と「公共財の提供」に戻せ。「景気の安定化」など、裁量でするな！（小さな政府）。金融は、その時の裁量ではなく、ルールを作って守れ（マネタリスト）。

6. ルーカス　合理的期待形成

ケインズ派（ケインジアン）は、過去の経験値をそのまま使う！　政策が変われば、人びとの行動も変わるのに、ケインジアンはそこを無視している！　現在と未来予想（期待）の両方を、合理的に説明しろ！

7. 変動相場制

金融政策の効果が拡大。①通貨安で輸出（海外投資額の別名）の額が増え、世界からの投資も増える。②通貨安→インフレ→実質金利低下→投資増。③実質賃金低下→雇用増、財政政策は縮小化。

8. リーマン・ショック

100年に1度の大不況。ケインズ政策復活！　ゼロ金利政策！　過去最大の財政支出！

伝統的政策だが、名目金利はこれ以上下げられない。どうしたらいい？

9. 現代経済学　非伝統的政策　ニューケインジアン

実質金利は下げられる！「実質金利＝名目金利－予想インフレ率」。未来予想が大事！

インフレターゲット＋量的緩和で、未来をこうすると、宣言しろ！　未来が決まれば、現在の行動が変わる！

本章の最後では、こうしたマクロ経済学の推移を踏まえ、いかにアベノミクスが現代経済学の理論を正しく実践しているかを説明します。

世界大恐慌

第一学習社『最新政治・経済資料集 新版 ２０１６』Ｐ１８４

１９２９年10月24日にアメリカ・ニューヨーク証券取引所で株価が大暴落したことがきっかけで、世界規模での経済恐慌が起こった。１９３３年のアメリカの失業率は、約25％を記録する深刻なものであった。各国は自国の産業を守るために輸入品に高い関税をかけたため、世界的な保護貿易が進んでいくこととなった。イギリス、アメリカ、フランスは自国通貨圏内での排他的なブロック経済を実施する一方で、（筆者注・植民地を持たなかった）ドイツ・イタリア・日本ではファシズムや軍国主義が台頭することとなった。

この大恐慌では、各国ともに失業率が上昇し続けました（33年で英21％、独26％）。

需給曲線によると、失業は、超過供給が生じている状態で

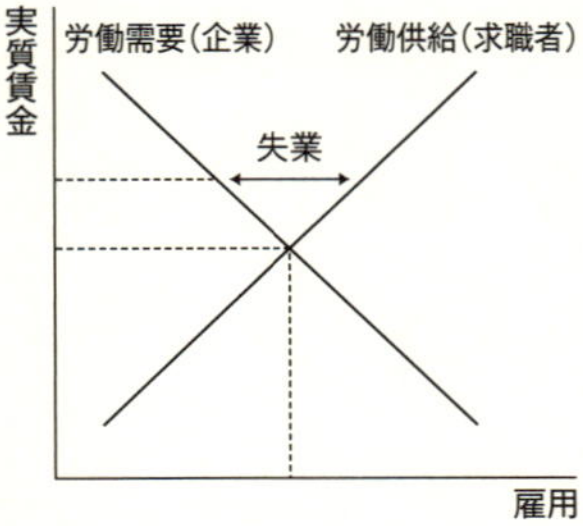

す。それまでの理論に従えば、市場メカニズムに任せておけば、いずれ価格が下がり、均衡（完全雇用）状態になるはずです。それなのに、失業が増え続けるというのは、おかしなことでした。ケインズの兄弟子ピグーは、「労働組合が賃下げをじゃましている」[*1]といい、労働組合との賃下げ交渉に臨むべきだと訴えました。

一方ケインズは、不況時は「需要＝供給」が「需要＜供給」状態になっており、大量失業は有効需要（購買力を伴った需要）の不足に原因があるとしました。決定的だったのは、「市場メカニズムによって賃金が下がっても、『需要＜供給』は変わらず失業は減らない」[*2]、「賃金は高止まりした方がいい」とまで述べたことでした。

従来の経済学とは180度違う主張をしたのです。

*1　名目賃金が100でも、デフレで物価が2％下がれば、実質賃金は102になります。デフレは実質賃金を上昇させ、失業を増やします。

*2　これはのちの日本のデフレ、失われた20年で生じた現象です。ケインズの真意が確認されました。

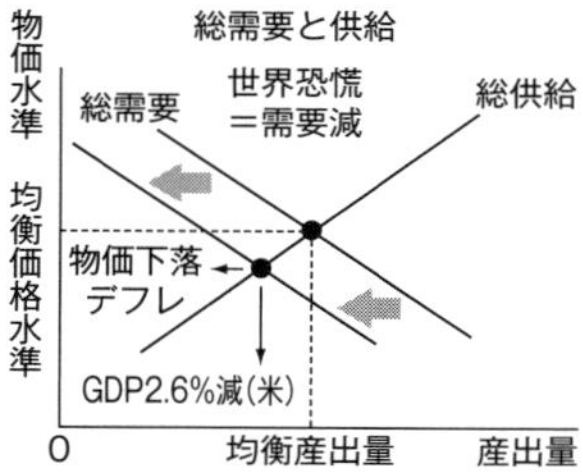

東学『資料 政・経 2018』

ケインズ革命 1

清水書院『高等学校 現代政治・経済 新訂版』P141

ケインズ　イギリスの経済学者。総需要が現実の所得を決定するという有効需要の理論、貨幣への欲求（需要）が利子率を決定するという**流動性選好**の理論を主張。

ケインズ理論の核心部分が、**流動性選好**です。貨幣は、すぐに右から左へ動かせる、高い流動性を持ちます（株や債券では流動性が低くなり、不動産はもっとも低い）。私たちの流動性選好は「急な支出に備える」とか、「価格変動する株や債券よりも安全」などの、「将来は不確実だ」という理由から生じます。**そうすると、不況になればなるほど、不安が増すので流動性選好は高くなります。**

育鵬社『新編 新しいみんなの公民』P111

近年では、景気の低迷による将来の所得への不安から、**消費**をできるだけおさえ、**貯蓄**に回そうという傾向が若い世代でもみられました。

消費を控えることで、現金・預貯金は増えますが、その**カネが投資**（**株や債券**）**に回らなくなります**（貯蓄S増かつ投資I減）。個人個人（ミクロ）の「貯蓄をしよう（流動性を確保しよう）」という合理的な行動が、マクロでは不況を加速させるのです。これを**合成の誤謬**といいます。

とうほう『政治・経済資料 2018』P206

合成の誤謬…個人が合理的な行動をとっても、大勢が同じ行動を取ることによって、全体（マクロ）として悪い事態になること。

さて、第1章で次のような関係を説明しました。

需要＝①家計消費＋②企業投資＋③政府支出＋④純輸出

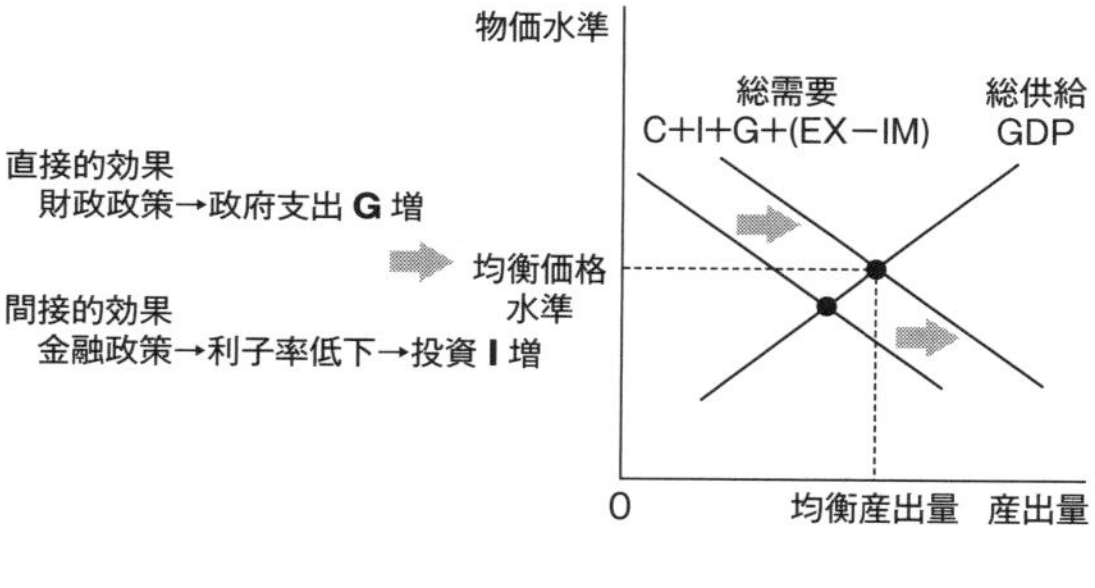

不況の要因は、このうちの②企業投資Ｉの減少です。ケインズが見つけました。消費は、光熱費、住居費、交通・通信費、医療費などの基礎消費部分があるので、好不況にかかわらず大きく変動はしないのです（下図参照）。

そこでケインズは、「総需要＜総供給」状態を解消するためには、総需要を回復させることが必要だと考えます。②の企業投資Ｉの減少を補うためには、③の政府支出（公共投資）Ｇを拡大すればよいというのです。また、金融政策で金利を下げることでも、②を回復させることが可能です。ケインズは、不況の回復策として、市場メカニズムにまかせるのではなく、**国家が経済に介入する財政＋金融の総需要管理政策をとなえました。**

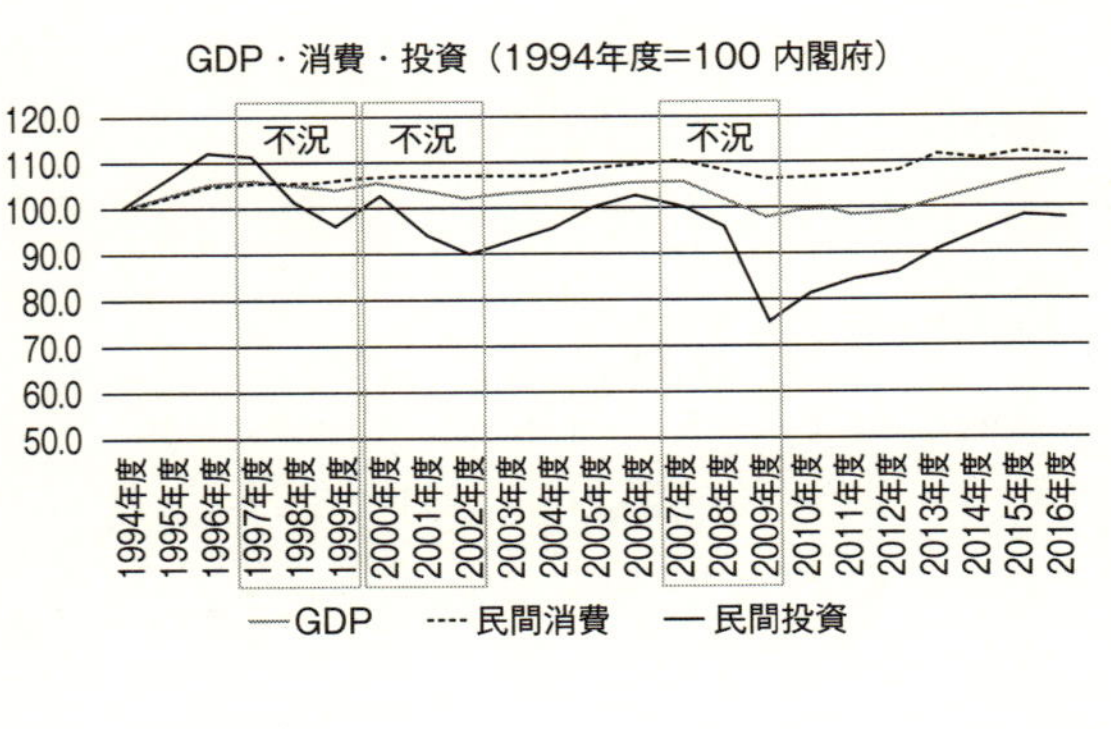

ケインズ革命２――乗数効果

清水書院『高等学校 現代政治・経済 新訂版』P142

長期化、深刻化する不況の原因を、**ケインズ**は有効需要（所得・支出の裏づけのある需要）の不足に求めた。ケインズは公共事業による公的需要の拡大や金利の引き下げによる消費・投資需要の刺激によって有効需要を増加させ、需要不足による経済停滞を緩和し、完全雇用の達成をめざす必要性を主張した。

ケインズによれば、公共投資の支出を1単位増やせば、まわりまわって、さらに大きな効果を生み出すとされています。これを**乗数効果**といいます。

清水書院『高等学校 新政治・経済 新訂版』P99

不況のとき、政府は、公共事業費の増大などの景気対策をとることがある。たとえば、政府が道路建設に使う資金を増やせば、工事を請け負った業者が儲かる。その結果、そこではたらく従業員の給料が上がるから、彼らは消費を増やす。すると、消費財メーカーの売り上げが増え、そこではたらく従業員の給料が上がる。このような連鎖が続けば、当初政府が支出した資金の数倍の所得が生み出され、景気が回復すると期待される（**乗数効果**）。ケインズが理論的な裏づけをあたえた財政政策である。

所得が増えた時に、そのうちどれくらいを消費に回すかを、「消費性向」といいます。特に、所得が1単位増えた時の消費に回す割合を「限界消費性向」と呼びますが、例えばこれが0・6とします（貯蓄が0・4）。工事請け負い業者の従業員が増えた所得の0・6を消費に回し、工事の消費財メーカーの従業員がその所得の0・6を回し……と波及していくと、結果的には公共投資を1単位増やせば、社会全体の所得は、その2・5倍になる*3というものです。式で表すと「1／（1－限界消費性向：0・6）」。

このようにしてケインズは、失業率が低下して完全雇用が実現されるまで、足りない投資分を、政府が公共投資で補えばよいとしました。同時期にアメリカでは、ニュー・ディール政策が採用され、ケインズはルーズベルト大統領へ政策の公開書簡を出しています（ケインズの思想が固まる時期と、アメリカのニュー・ディール政策は、結果的に同時期でした）。

＊3 公共投資の乗数効果は、高度成長期には高数値でした。1967年2・17、70年2・02、74年2・27、76年1・85（旧経済企画庁）。途上国でも同様です。しかし、経済が成熟してくると、増えた所得を消費に回すよりも、貯蓄に回す割合が増え、乗数効果は低下していきます。87年1・16、08年1・00、11年1・07です（内閣府）。分析するシンクタンクによって幅はありますが、日本の場合、2010年代は、1・0台前後になっています。これらは、先進国に共通して見られる現象です（政府支出、保健医療などの乗数効果については、別の研究があります）。

総需要管理政策 1――動かせるのは需要

実教出版『2018 新政治・経済資料 三訂版』P199

不況を克服して完全雇用を達成するためには、新しい投資需要が必要であり、そのために国家が経済に介入（財政・金融にわたる政策）するべきであるとした。アダム＝スミス以来の自由放任政策を否定するものであり「ケインズ革命」とよばれた。

財政赤字は、当時の経済学では想定外だったので、国家が経済に介入するなど、考えられない時代でした。政府が財政赤字を出すと、民間が必要としている資金を吸収し、民間に資金が回らない「クラウディング・アウト」を引き起こすので望ましくないとする考え方です。

総需要管理政策とは、「総需要＜総供給」時、つまり不況時に

総供給と総需要（有効需要）の関係

総需要（有効需要）＝消費＋投資＋政府支出＋純輸出（輸出ー輸入）

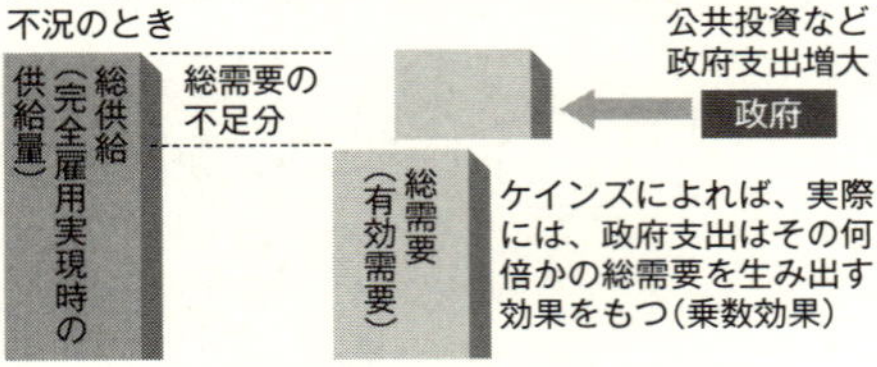

第一学習社『新版 最新政治・経済資料集 2018』

限って、総需要を元のＧＤＰに回復させる政策であり、「供給を伸ばす＝ＧＤＰ増」が目的の政策ではありません。できることは、総需要を増やし、元の水準に戻すことだけです。総需要を増やしたからといって、総供給が増えることはありません。インフレになるだけです。総供給が増えてはじめて、「実質的に豊か＝実質ＧＤＰ増」になるのです。

総供給は①労働力、②資本（設備や店舗といったインフラ）、③生産性の上昇によって増えるのです。日本の高度成長期には、金の卵とよばれた若年労働者の大量就職という**①労働力の拡大だけで、２・８％もＧＤＰを増大**させました。人口減で労働力もマイナスの現在では、高度成長期の成長率を達成することなど不可能です。

総供給を増やすには	①十分な労働力　②生産のための十分な資本 ③生産技術の進歩
総需要を増やすには	総需要＝消費＋投資＋政府支出＋（輸出－輸入） ①企業の設備投資の活発化 ②個人消費の増加 ③政府の財政金融政策

とうほう『テーマ別資料 政治経済 2018』

実質経済成長率の要因分解（経済産業研究所資料）

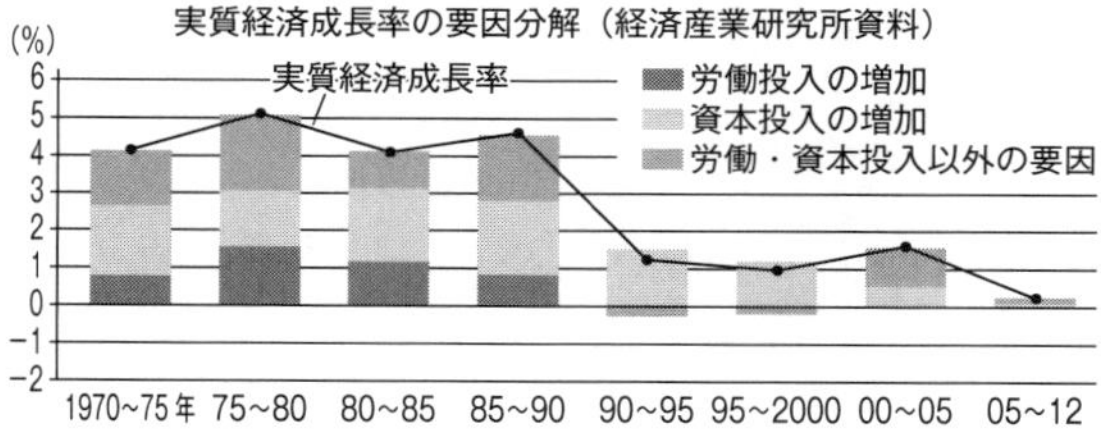

浜島書店『最新図説 政経』

総需要管理政策 2——財政政策＋金融政策

帝国書院『社会科 中学生の公民 より良い社会をめざして』P149

財政の役割

三つ目は、景気の回復をうながしたり、行きすぎを防いだりすること（財政政策）です。例えば、不況のときに減税（税金を減らすこと）をすると、税を負担したのちに手もとに残るお金が増えるため、家計や企業がモノやサービスを買いやすくなります。また政府も、公共事業などを通して企業からモノやサービスを買う場合があります。すると、それらを生産している企業の仕事が増えるので、新たな雇用が生み出され、景気の回復がうながされます。

東京書籍『新編 新しい社会 公民』P145

日本銀行の金融政策は、主に公開市場操作（オペレーショ

政府の財政政策のしくみ

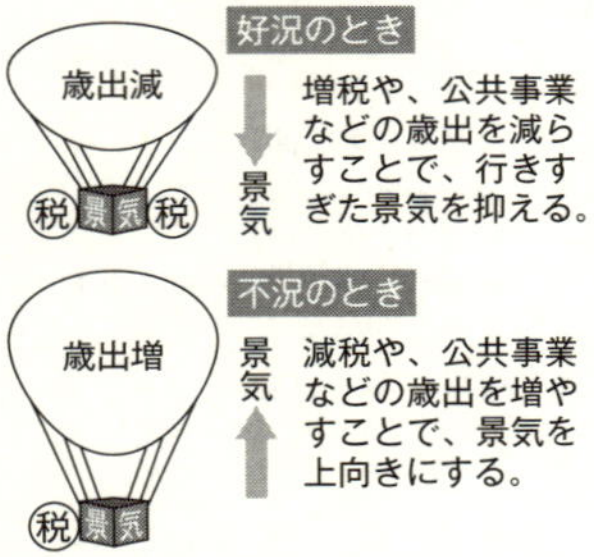
好況のとき
歳出減
税
景気
税
景気
増税や、公共事業などの歳出を減らすことで、行きすぎた景気を抑える。
不況のとき
歳出増
税
景気
景気
減税や、公共事業などの歳出を増やすことで、景気を上向きにする。

教育出版『中学社会 公民 ともに生きる』

ン）という方法が採られます。日本銀行は不景気のとき、銀行が持つ国債などを買い上げ、代金を銀行に支払います。すると、銀行は手もとに貸し出せる資金ができるため、企業などに積極的に貸し出そうと、貸し出し金利を引き下げます。企業は資金を借りやすくなり、生産活動が活発になって、景気は回復へと向かいます。

好景気のときは逆に、日本銀行は銀行に国債などを売って、代金を受け取ります。銀行は手持ちの資金が減るため貸し出しに慎重になり、貸し出し金利を引き上げます。企業は資金を借りにくくなり、生産活動が縮小され、景気はおさえられます。

財政＋金融政策の組み合わせを、ポリシー・ミックスといいます。民間投資Ｉの減少を、財政出動（公共投資Ｉ）拡大と、金利を引き下げ民間投資Ｉを増やすことで、回復させるという手法です。

日本銀行の金融政策（公開市場操作）

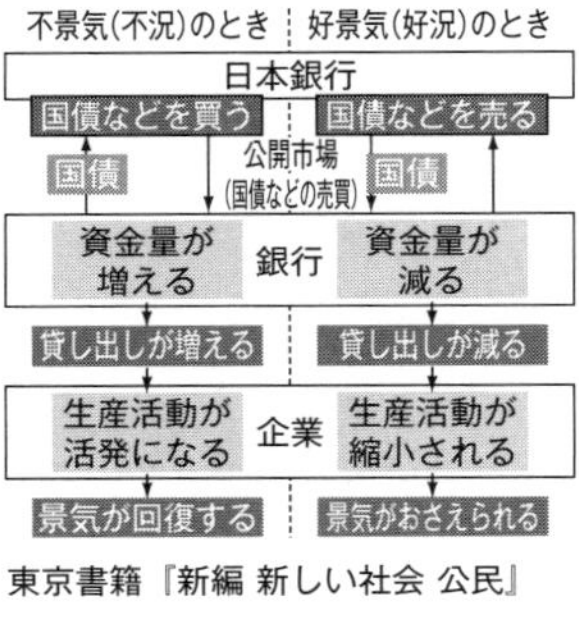

東京書籍『新編 新しい社会 公民』

総需要管理政策３――金融政策の仕組み（１）政策金利

実教出版『最新政治・経済 新訂版』P91

――「景気の悪化をさけるため、日銀が政策金利の引き下げを決定」とニュースでいっていたのですが、どういう意味ですか？

先生◎……日銀が、金利を自分で決めるということではなく、目安になる金利を何％くらいになるように金融市場の資金量を調整して、金利全体を誘導することです。この目安になる金利を政策金利といって、現在では、無担保コールレートという短期金融市場の金利が使われているの。

……景気が悪いときは、日銀は銀行などの金融機関のもっている国債などを買い入れ、その代金を金融機関に支払って、金融市場へ流れる資金量を増やします。これが資金供給オペレーション。その結果、金融機関に資金の余裕がうまれて、無担保コールレートが下がります。すると、銀行などは低い金利で資金を調達できるようになって、企業へ貸しだすときの金利も下げることができるのね。

コールレートとは、信用のある金融機関同士で行う、呼べば答えるオーバーナイト、1

日間という短期・無担保の資金の貸し借りです。

金融機関の仕事は、できるだけお金を貸し付けたり、運用したりして、金庫を空っぽにすることです。できる限り預金を融資に回し金利を得ることが、利益になるからです。しかし、日々の（金庫の）資金不足が生じることがあります。その時に金融機関同士でお金を融通しあうときのレートがコールレートです。どうしても借りられない場合は、日銀が「最後の貸し手」となり、この政策金利で融通します。事実上の、一番高い金利を示します。

東学『資料 政・経 2018』P296

日銀は、「金融政策決定会合」で決まった金融市場調節方針（無担保コールレートの金利目標値）を実現するために、連日売りオペ・買いオペを実施している。その平均レートは2017年10月9日の－0・044％から同13日の－0・048％と毎日変動している。

現在のコールレートは、ゼロ金利～マイナス金利になっています。

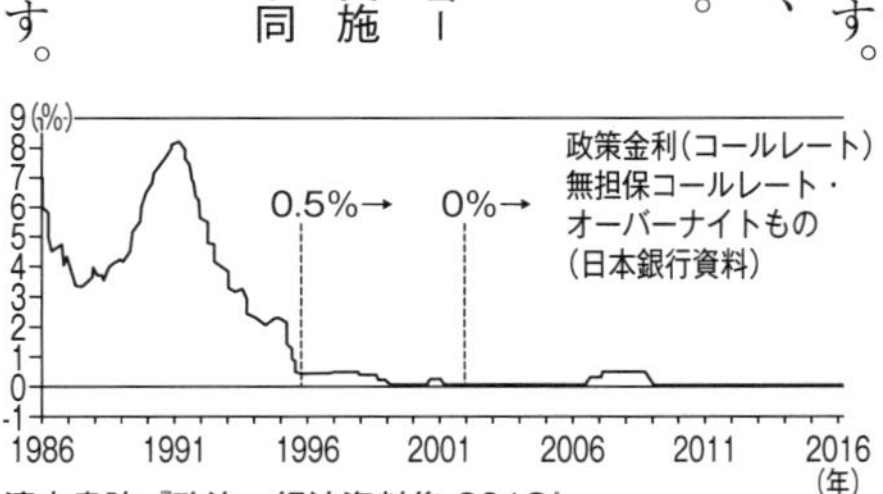

清水書院『政治・経済資料集 2018』

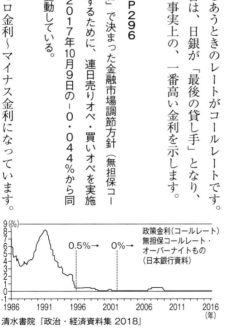

総需要管理政策3——金融政策の仕組み（2）信用創造

マネタリーベースを経ることでマネーストックが増加する。

第一学習社『最新政治・経済資料集 新版2018』P228

マネーストックとは、経済全体に流通している通貨量である。日銀が直接供給する通貨量であるマネタリーベース（現金通貨＋日銀当座預金）が、市中銀行の信用創造を経ることでマネーストックが増加する。

日銀が資金量を増やすことにより、銀行は低金利で資金を調達でき、結果、民間企業へも低利で融資ができます。この際に起きるメカニズムが、信用創造というプロセスです。

清水書院『高等学校 現代政治・経済 新訂版』P146

最初の現金預金額を100万円、支払準備率[*4]を10%とした場合、A銀行は90万円まで貸し出すことができる。この90万円がB銀行に

	新預金	支払準備金	新貸し付け
A 銀行	100 万円	10 万円	90
B 銀行	90	9	81
C 銀行	81	8.1	72.9
D 銀行	72.9 ⋮	7.29 ⋮	65.61 ⋮
合　計	1,000 万円	100 万円	900 万円

清水書院『高等学校 現代政治・経済 新訂版』

預金されると、B銀行は81万円を貸し出すことが可能になる。こうして、各銀行が手形や小切手などのかたちで預金を活用したとすると、預金は増えつづけ、総額は、最初の現金預金額の10倍に達する。
　この場合、預金額の合計は理論的には最初の預金額×（1÷支払準備率）として求められ、最初の預金額を除いた900万円が新たに信用創造されたことになる。

　信用創造により、日銀が提供した何倍ものカネが、世の中に流通することになります。世の中に流通している貨幣の量をマネーストックといいます。

日銀　マネタリーベース→（信用創造）→民間　マネーストック

＊4　銀行は、預金の一部を支払い（引き出し）のために残しておきます。これを支払準備金といいます。支払準備率は2018年3月現在、0・05〜1・3％となっています。

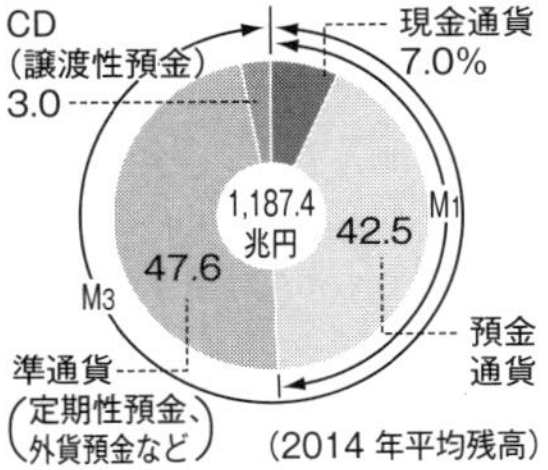

実教出版『最新政治・経済 新訂版』

マネタリーベース・マネーストックM3残高　2013.4−2017.12（日銀）

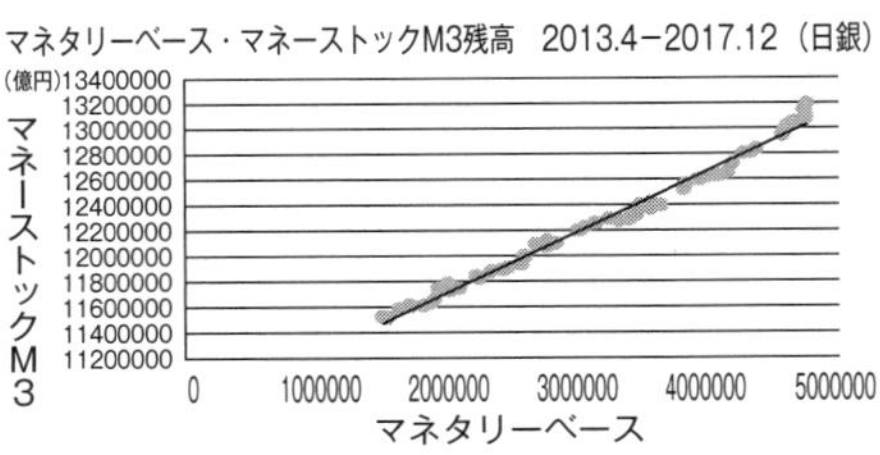

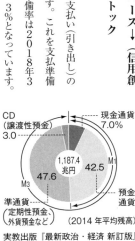

ケインジアン全盛期

実教出版『2018 新政治・経済資料 三訂版』P200

アメリカのケインジアンたち（サミュエルソン、トービン、ソローなど）は、ケインズ経済学を新古典派経済学と両立不可能なものと考えずに、むしろ両者を総合させるアイデアを提出していく。すなわち、ケインズ経済学が教える通りに財政・金融政策を駆使して完全雇用を実現させる。そうすれば、後は市場の自動調整機能を信頼した新古典派経済学が復活する、と。これが、「新古典派総合」の基本的な思想であった。

ケインズ経済学は、当時の若い経済学者を魅了します。彼らのようなケインズの考え方を基本にする学者をケインジアンといいます。１９６０年代はケネディ政権の中枢を担い、

物価上昇と失業率の関係を示したものに、フィリップス曲線がある。イギリスの経済学者、アルバン・ウィリアム・フィリップスは、イギリスにおける1861年～1957年のデータを用いて賃金上昇率（のちに物価上昇率）と失業率の関係は右下がりの曲線となることを結論づけた。こうした物価上昇率と失業率のトレード・オフ関係が、インフレターゲット政策を現実のものにしているといえる。

インフレ率と失業率のトレードオフ関係
（フィリップス曲線）

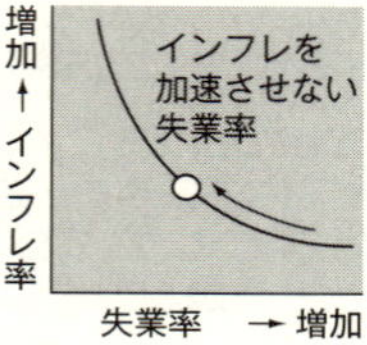

清水書院『政治・経済資料集 2018』

学界・政界ともに影響力を発揮しました。

彼らが頼りにしたのが、インフレ率と失業率の相関関係を示すフィリップス曲線と呼ばれるものでした。これは理論というよりは単なる事実なのですが、どの国でもインフレ率と失業率の間はトレードオフの関係にありました。ケインジアンはこの曲線を目安に「失業率を低くするには、どのくらいのインフレが適切か」と考えるのです。60年代まではこのような単純な方法で十分だと思われており、事実、当時のアメリカのフィリップス曲線は、大変きれいな右下がりの形になっていました。

景気が下降局面に入ると「政府の財政出動（減税）＋金融緩和で金利引き下げ＝ポリシー・ミックス」が、広く利用されました。少しずつＧＤＰの統計も整い始め、ＧＤＰは機械のようにコントロールできるものと思われていました。実際に、１９５０年から68年の間に、西側諸国のＧＤＰは３倍になりました。アメリカの実質成長率は62年に６・８％になり、その後も４％を超える高い成長率を実現します。本当に豊かな時代だったのです。

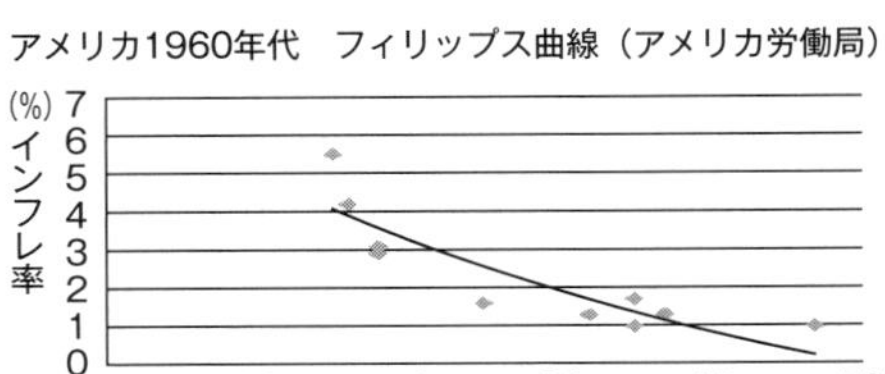

大衆民主主義、肥大化する財政＋金融

とうほう『政治・経済資料 2018』P211

大衆民主主義と粗悪なケインズ主義が結びつき財政赤字が累積的に増加したとし、やはり古典派の均衡財政の原則に戻るべきだとの批判もなされた。

実教出版『2018 新政治・経済資料 三訂版』P200

ジョンソン政権のベトナムへの軍事介入とインフレの加速化によって、その権威にも陰りが見えはじめ、対立する経済学派の台頭を許してしまうことになる。

本章でここまで見たように、財政政策は、好況のときは増税を行ったり、公共事業などの歳出を減らすことで、景気の行き過ぎ

アメリカ60年代後半-70年代　フィリップス曲線（アメリカ労働局）

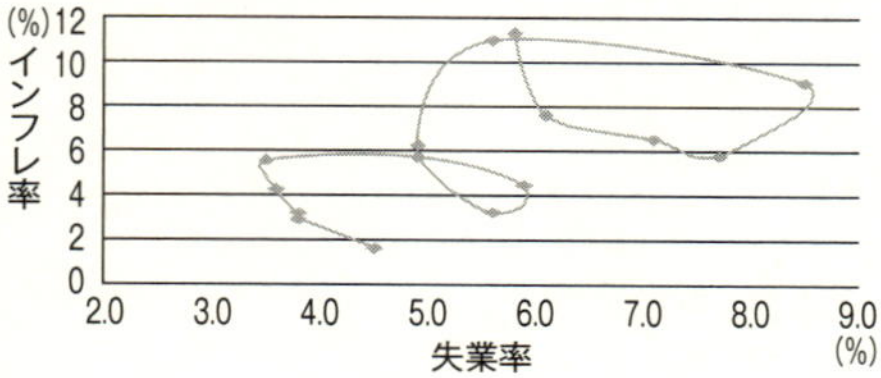

を防ぐはずです。しかし、一度拡大した財政支出を減らすのは困難です。ケネディの後を引き継いだジョンソン政権は、「貧困に対する戦争」と「ベトナム戦争」という二つの戦争に勝利する目標をたてます。前者においては高齢者・低所得者向け医療保険制度の拡大、大学進学者の学費補助、高速道路網整備などを進め、これらの社会保障と戦費を合わせると、そのGDP比は14・5％に拡大します（68年）。

清水書院『高等学校 新政治・経済 新訂版』P102

ケインズは、裁量的財政政策の立案・実行にたずさわるのは、公平・無私の政治指導者であると仮定していたという。

しかし、現実には、この仮定を満たすのは困難なことが多い。

政治家は、少しでも成長率が落ちると、選挙のために「ばらまき」と金融緩和を求めます。するとインフレは止まらなくなり、頼みの綱のフィリップス曲線も崩壊します。インフレ時は失業率が低いはずなのに、高インフレかつ高失業率になってしまいました。

そこにとどめを刺したのが、70年代のオイルショックです。石油価格は4倍になり、74

年には消費者物価が12・5%上昇。そして74〜75年はマイナス成長となり、75年の失業率は、第二次大戦後最高の7・5%を記録します。インフレかつ不況というスタグフレーションです。

総需要管理政策では、財政支出を拡大しても、金融緩和をして貨幣供給を増やしてもインフレになるだけです。ケインジアンは有効な対策を何一つ打ち出すことができずに学界・政界を追われ、その権威は失墜しました。

アンチケインジアン1――マネタリズム　フリードマン

実教出版『2018 新政治・経済資料 三訂版』P200

70年代以降の世界経済は、インフレと景気停滞を同時進行させる**スタグフレーション**（不況下の物価高）におちいり、ケインズ理論にそった過大な総需要創出政策、財政拡大主義が「大きな政府」をつくり経済の活力を低下させ、大幅な財政赤字をもたらしたときびしく批判され、ケインズ政策は処方箋を提示できなかった。

とうほう『政治・経済資料 2018』P211

ケインズ政策に対して、古典派の立場から活発に批判がなされてきた。特に有力であったのが、**フリードマン**らに代表される**マネタリスト**の批判だ。……マネーサプライ（通貨供給量）の伸び率を一定にコントロールする（K%ルール）以外に、一切の政府の市場介入を有害無益であると否定した。……

このような主張は、**新自由主義、「小さな政府」**へと経済の流れを引き戻した。

フリードマンは、失業率を下げようとする積極的な金融政策が、インフレを招いたと考えます。裁量権を与えられた政策担当者は、インフレを起こそうという誘惑に負けてしまうからです。一方、世界恐慌時は、金融緩和を躊躇したために被害が拡大したのだと分析します。このように、金融政策はかじ取りが難しいとして、いついかなるときも貨幣増加率を一定にする「K％ルール」を提唱しました（Kとは、フリードマンがつけた増加率を示す記号です）。

教育出版『中学社会 公民 ともに生きる』P144-145

財政が果たす三つの役割（注・数字は筆者挿入）

①**資源配分**　民間企業だけでは、十分に供給できないものを、政府が代わって供給し、地域間の資源のかたよりをなくす。

②**所得の再分配**　所得の高い人には、税を多く負担してもらい、他方で社会保障政策などを行うことで、所得の格差を調整する。

③**経済の安定化**　景気循環の大きな変動に対し、中央銀行と協調しながら、景気を調節して安定させる。

財政政策の目的はこの三つです。③のような財政拡大政策は、不況時に採用されるはずのものですが、一度ばらまきの果実を味わってしまうとなかなか縮小することができません。これが財政肥大化（財政赤字）の原因となります。高齢者医療費無料化、敬老パス支給、子ども医療・教科書無料化、各種の補助金などといったものとして表れ、好況時に削減されません。大衆民主主義（ポピュリズム）と結びついた裁量による財政政策は、百害あって一利なしであり、金融（金利）政策で、③の目標を達成できるのだから、財政政策は本来の目的である①と②に限定すべきだとして、**アンチケインジアンたちは「小さな政府」を主張します。**

欧州もスタグフレーションに襲われます（理由は後述）。75年、イギリスのインフレ率は24%、実質成長率はゼロでした。イギリス病といわれるほど経済は停滞し、貿易赤字分の外貨を払えず、IMFから緊急融資を受けるほどでした。そのような中、財政赤字削減、小さな政府を掲げるサッチャーが政権につき、サッチャリズムという改革に取り組みます。

アンチケインジアン２――合理的期待（予想）形成説

とうほう『政治・経済資料２０１８』Ｐ２０７

１９７０年代末、「ケインズ経済学にはミクロ的な基礎がない」と批判して台頭したのが、**新しい古典派の経済学者**である。彼らは、各経済主体は選択に必要な情報を持っており合理的に行動するので、長期的には経済全体もやがて最適化すると考える。

……新しい古典派は、ミクロの詳細な行動分析を拡大してマクロにあてはめる発想であった。

東学『資料 政・経 ２０１８』Ｐ２５９

ルーカスは、新しい財政・金融政策の導入が発表されると，人びとの行動は期待（予想）に基づき変化するとした。その上で、その変化部分を組み入れていないケインジアン理論を批判した（ルーカス批判）。以後の経済学は、未来に対する「合理的期待（予想）」に基づく変化率を含む「動学的均衡論」が必須となった。

合理的期待（予想）とは、不合理とまでは言えないであろう予想のことです。
ケインズ経済学のモデルでは、過去の数値（例えば限界消費性向）を今後も変化しないとしました。しかし、私たちの行動は、新政策導入によって変化します。その変化率を考慮しないモデルに意味があるのか？という批判が出てきたのです（ルーカス批判）。

清水書院『高等学校 現代政治・経済 新訂版』P120、144

所得のうち、消費されなかった分は貯蓄され、将来のために蓄積される。家計は**消費**によって豊かさを現時点で享受するか、**貯蓄**によって将来の豊かさを増加されるかを選択している。

金融における資金の流れでは、時間の流れを考慮することになる。もし仮に、金融がなく現在時点のみの資金で生活することになると、自分の現在所得と常に一致した支出しかできなくなる。

私たちは、例えば増税・減税や政策変更がある場合、目前

合理的期待（予想expectation）形成説

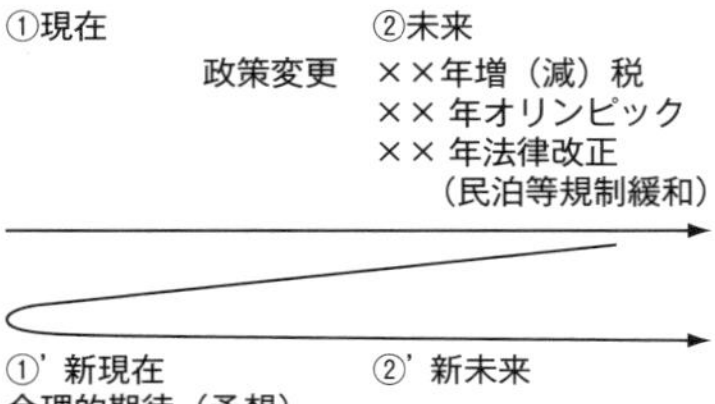

合理的期待（予想）
予想を織り込んで、現在の行動が変わる

の消費だけではなく将来予想も加味したうえで、最適な消費・貯蓄行動を取ろうとします。マクロ政策は、こうしたミクロの合理的選択行動を無視することはできません。現在と未来の二つを考慮した、動学的均衡論が必須となります。

　例えば、1年限りの政府支出の拡大により所得が増えても、将来にわたって増えるとは限りません。消費刺激の効果は小さいものと考えられます（リーマン・ショック時、日米欧が協調して過去最大の財政支出をしましたが、皆さんの消費行動に変化が生じましたか?）。

　消費税率を0～3％にする減税を考えてみます。期間限定にせよ、恒久減税にせよ、一時的には高額商品が売れる消費拡大効果は見込まれます。しかし期間限定の場合、消費の先食い効果が生じているので、元に戻すと消費はかえって落ち込みます（1999年の地域振興券配布や、2009～11年度の家電エコポイントの効果を思い出してみてください）。

　では、恒久的な消費減税だった場合、皆さんの消費支出は増え続けるでしょうか? おそらく、合理的に将来的な増税を予想し、結局効果は一時的なものにとどまると思われます。財政政策は無効になり得るのです。

動学的な予算線（ライフサイクル説）

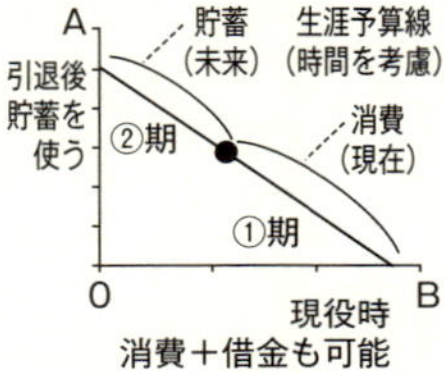

アンチケインジアン３――サプライサイド経済

実教出版『2018 新政治・経済資料 三訂版』P200

1981年に登場したレーガン大統領の、規制の緩和、歳出削減や減税で、国内での投資を拡大し、再び強いアメリカ経済の構築を狙った経済政策をレーガノミクスという。

レーガン政権の経済政策には、**需要側でなく供給側を重視するサプライサイド経済学**が大きな影響を及ぼしたが、その意図を離れて、実際は、減税→総需要の拡大→景気回復というもっとも「ケインズ主義」的政策を実践してしまったことが知られている。

……レーガノミクスは、インフレの抑制のため貨幣供給量をコントロールするとともに、財政支出の削減により「小さな政府」をめざし、大幅な減税による貯蓄の増加・投資の増加をはかった。

インフレの収束や景気の回復など一定の成果はあったが、減税は資産階級を富ませ不平等を助長させたり、貯蓄が投資を上まわるなどの弊害が生み出され、いわゆる「双子の赤字」を残すことになった。

ケインズ経済学が需要側を重視したのに対し、供給側（サプライサイド）を重視した経済政策です。しかし旧ソ連との軍拡競争で、政府支出は拡大し続けました（大きな政府）。

また、インフレを抑えるために金利を引き上げたためにドル高になります。ドル債務を抱えた南米の国々は、自国通貨安で、返済も借り換えもできなくなり、デフォルトに追い込まれます。

こういったドル高是正のために開かれた１９８５年のプラザ合意で、今度は円高が進みすぎます。円高不況を回避する金融緩和が行われ、日本はバブル経済に突入することになるのです。

変動相場制 1

東京書籍『政治・経済』P189-190

冷戦にともなう西側諸国への経済援助や軍事援助、ベトナム戦争などによる軍事支出を通じて、ドルが世界中に散布されると、アメリカの対外債務は金準備を上回るようになった。その結果、ドルへの信用不安が高まり、大量の金が国外に流出してドル危機とよばれる事態が発生した。

……ついに1971年8月、ニクソン大統領は……金・ドル交換を停止した(ドル・ショック、ニクソン・ショック)。……1973年には……変動為替相場制に移行し始めた。

さかのぼると、第二次大戦後の通貨制度は、アメリカのドルを基軸通貨とする固定相場制から始まりました。当時のアメリカは、鉄鋼業生産の6割、金保有の7割を占める唯一の経済大国です。

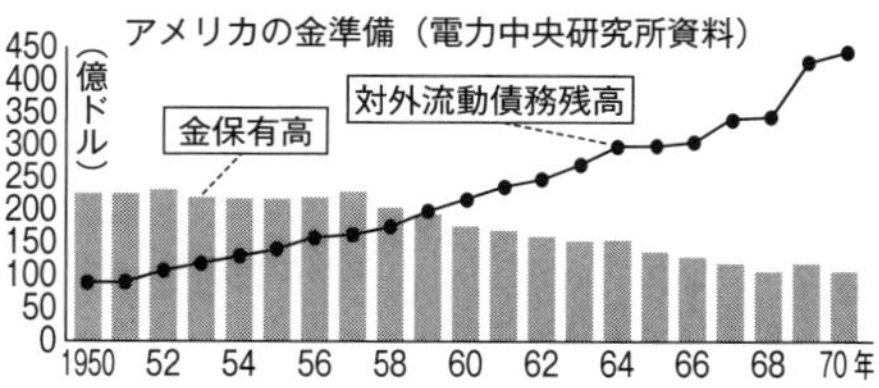

第一学習社『新版　最新政治・経済資料集　2018』

その経済力を背景に、金にドルをリンクさせてドルに各国通貨をリンクさせる固定相場制（ブレトンウッズ体制）がスタートしました。そこでは金1オンス＝35ドル、1ドル＝360円とされました（各国通貨ともに±1％以内の変動率まで）。

戦後の貿易の拡大とともに、ドルの流通量は増えることになります（固定相場制なので、各国の通貨量もドルに比例して増加します）。[*5] 金の量は一定なのに、ドルの量だけが増え続けたわけですから。各国はドルを手にすると、アメリカに対してすぐに「金に交換しろ」と迫ります（特にフランスが強硬でした）。手持ちの金の量がどんどん減り、アメリカはついに交換をギブアップします（その後、第1章で説明した金融資本主義の時代になるのです）。

変動相場制下、マネーの取引量が飛躍的に増大し、フリードマンが主張した「貨幣供給量増大＝GDP増大」という相関関係は崩れました。「マネー量を安定化すれば、マクロ経済は安定する」というマネタリズムは、各国中央銀行によって放棄され、金融政策は利子率を設定するものへとまとまっていきます。

＊5　アメリカのインフレが世界中に広がった理由です。固定相場を維持するためには、ドルの増加に対し、各国通貨量も増やさなければなりません。ただし緩やかなインフレは、各国の経済成長にとっても好都合でした。

変動相場制２――国際金融のトリレンマ

とうほう『政治・経済資料２０１８』Ｐ３４２を簡素化

国際金融のトリレンマ　①～③の３つを同時に確保することはできないという理論。

	戦前の金本位制	ブレトン・ウッズ体制	現在の変動相場制
①固定相場制	○	○	×
②資本移動の自由	○	×	○
③金融政策の独立性	×	○	○

　戦前の金本位制の場合、保有する金の量によって各国の通貨量が制限されるため、金融緩和や引締めを自由に行うことができません。戦後のブレトンウッズ体制の場合では、国際間の資本移動を認めると、固定相場制が維持できなくなります。現在の変動相場制の場合、資本移動は自由になりましたが、そのかわり固定相場を維持できません。

マクロ政策は、財政より金融

固定相場制の時代は、財政政策の効果は大でした。

財政政策（公共投資）拡大→企業や関連企業の業績が上昇→取引が活発化・資金需要増→金利上昇→円での資産運用が有利→円の需要増（貿易黒字→円での支払い増→円需要増）→円高です。

ただし固定相場制なので、日銀は円売りドル買いで円を市場に供給します（結果的に金融緩和）。**財政政策は金融緩和政策をともなう、ダブルの効果があるのです。**

一方変動相場制の場合、日銀の市場介入はなく、円高・ドル安傾向はそのままです。円高になると輸出額が減り、株価が下がります。財政政策の効果は薄れるのです。

逆に金融緩和の効果は大きくなります。①金融緩和→円安→輸出額増（輸出額＝海外投資額の別名）。日本の場合、②株高効果が期待できます。

さらに、③金融緩和→円安（インフレ）。また、④金融緩和→実質金利低下→投資増。さらに⑤実質賃金低下→雇用増が期待できます。

また、⑥資産効果も見逃せません。

東京書籍『政治・経済』P120

消費はまた、家計が保有する株や土地などの価格が上がると、増える傾向がある。これを資産効果といい、株や地価が急上昇したバブル経済期には資産効果が働いて消費が大幅に増え、バブル崩壊後には、逆の資産効果（逆資産効果）が働いて消費が減退した。

金融緩和→インフレ→負債（実質）減、土地・建物など資産価格上昇、株価上昇、です。

変動相場制への移行後、財政政策と金融政策の効果は180度逆転し、「マクロ政策は金融」となったのです。実際、各国の成長と財政出動に、関係はありません。財政出動は需要です。

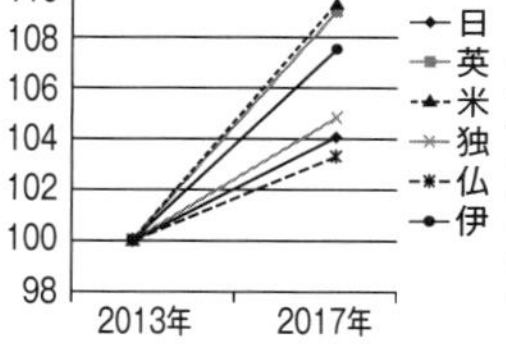

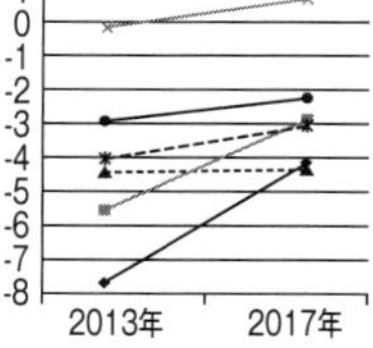

リーマン・ショック

東京書籍『政治・経済』P201

2008年9月、大手投資銀行リーマン・ブラザーズが経営破綻（リーマン・ショック）すると、アメリカは世界恐慌以来といわれる金融危機に直面した。この危機は世界中に波及し、**世界金融危機**とよばれる事態が起こった。

とうほう『テーマ別資料 政治・経済 2018』P184

2009年3月期営業損益で「世界のトヨタ」ですら赤字に転落。また「世界のソニー」も同じく赤字に転落。アメリカ同様、日本の製造業も壊滅状態となってしまった。製造業を中心とする経営不振の影響で、全国の工場などで働いていた派遣社員が、契約期間の途中で仕事を打ち切られる「派遣切り」が相次ぎ、流行語にもなった。

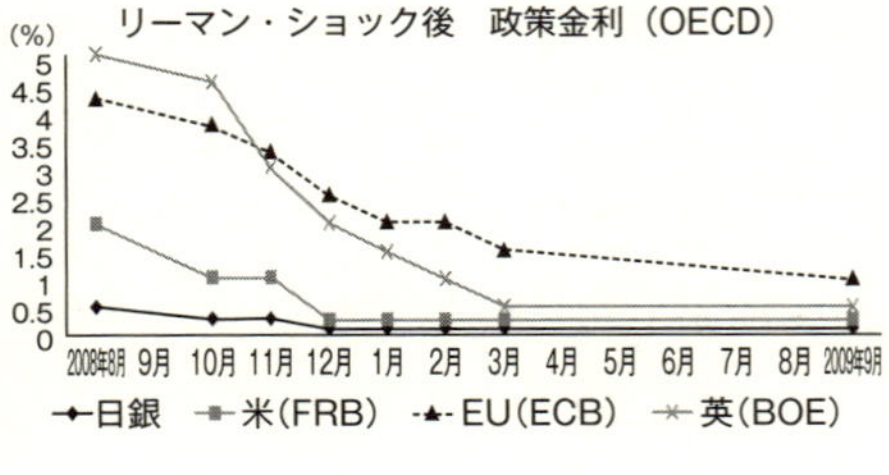

１００年に１度の危機といわれた、リーマン・ショックです。失業率が跳ね上がります。アメリカの失業率は４・６（06年）↓９・３％（09年）、日本も３・８（07年）↓５・１％（09年）になります。各国の成長率はマイナスになります。この世界的大不況で、ケインズ政策（財政政策＋金融政策）が復活します。

金融政策では、各国が協調し、金利の引き下げを行います。また、過去最大規模の財政出動が行われました。各国の経済はＶ字回復し、世界恐慌の再現は回避されました。経済学の知見は、生かされたのです。

しかしゼロ金利政策を採用したら、もうこれ以上の利下げは不可能です。金融政策は、その手段を失ってしまったのでしょうか？　違います。現代経済学は、新しい金融政策を導きだしたのです。

2008→2010年4月財政規模（当時レート換算）

英	2.9 兆円	EU	75 兆円
独	11.1 兆円	米	74 兆円
仏	4.1 兆円	日	32 兆円 (2008-09 年度)

リーマン・ショック前後　実質成長率

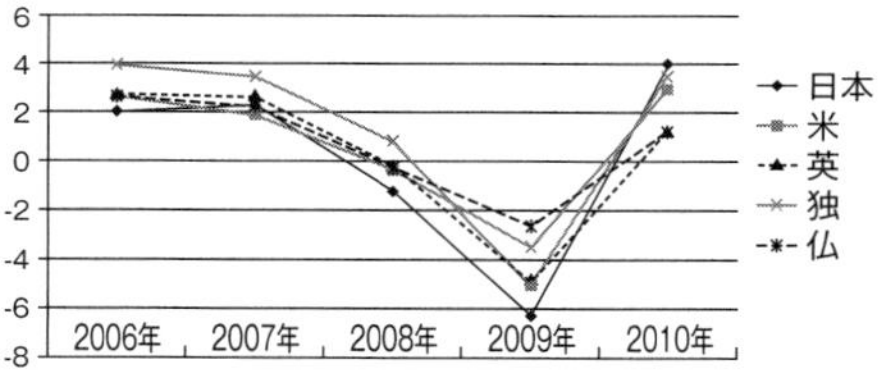

現代経済学の知見 1――現在と未来

帝国書院『社会科 中学生の公民 より良い社会をめざして』P112-113

家計の所得は、その全額が消費に支出されるのではなく、**貯蓄**にもまわされます。貯蓄とは、所得の一部を現在の消費に使わずに、将来の消費に備えてお金をためておくことです。

……私たちは「現在」を生きています。しかし、「何が起こるかわからない」「大きな買い物がしたい」というように「将来」を見すえて、現在の消費と将来の消費（貯蓄）を選択しているのです。

……借金とは、「将来の消費」を減らして「現在の消費」を増やすという選択です。私たちも買うものによっては、現金での購入ではなく、お金を借りての購入（ローン）を選択する場合もあります。住宅のような大きな額の買い物はその一例で、長い年月をかけて返済することになります。借金をする場合もそうでない場合も、「将来」をきちんと見すえた選択をしないと、イソップ物語のキリギリスのように困る場合もあります。

第3章の冒頭で、中学校の教科書には経済学のエッセンスが凝縮されていると記しました。そこでは希少性、選択、トレードオフといったものを挙げました。実はもう一つの重大な視点があります。「現在と未来」です（P183の図参照）。

東京書籍『新編 新しい社会 公民』P131

株価は、その企業が今後どれくらいの利益を上げるのかという見通しや期待によって決まります。……株価は人々の期待を反映して変化するため、その企業の実際の業績より大きく上がり下がりすることも見られます。

ここでいう期待は、予想（EXPECTATION）のことです。私たちの経済活動の半分は、未来が占めています。家計行動「消費C＋貯蓄S」の**貯蓄S**は未来に依存します。企業の**投資I**も未来に依存します。未来が不安だとすれば、Sが増えてIが減り、不況になります。若い人ほど貯蓄率が高くなっているのは、社会保障に不安があるからです。

ケインズは「未来のことはわからない」と言いましたが、だからこそ不安になるのです。逆に言うと、「未来が確定」していれば、安心が生まれます。私たちは、幼稚園の運動会や学芸会に始まり、部活動の大会予定、大学の期末試験、社会人のスケジュール、企業の投資計画、国会の審議予定、オリンピックなどの未来の予定に備えて、練習、勉強、準備など現在の行動を選択するのです。あるのかないのか、決まらない状態が一番困るのです。

もちろん、私たちにできることは、一部の未来を確定させることだけです。しかし、不確実な状況の中で、未来が決まれば（確実であればあるほど）、私たちは「今」の行動を迷いなく選択できます。**現代経済学は、「未来が現在を決める」**という核（コア）を持つ理論です。

現代経済学の知見２――新しい古典派・ニューケインジアン

とうほう『政治・経済資料２０１５』Ｐ２０７、２０９

近年は「マクロ経済学にはミクロ的な基礎が必要」の合意の下、新しい古典派（筆者注・合理的期待形成）も、ニューケインジアンも、短期の景気循環や長期の経済成長など、マクロ経済現象を統一的に分析する方向へ向かっている。

ニューケインジアン――Ｐ・クルーグマン　デフレと流動性の罠にはまっている日本経済への調整インフレ政策導入、米での公的医療保険導入なども提言。

東学『資料　政・経２０１８』Ｐ２６５

90年代以降のインフレ・ターゲットや、量的緩和は、未来時点のインフレ率・マネー量を確定し、現在の消費・投資行動を変えさせる「未来が現在に影響する合理的期待（予想）」を取り入れた政策だ。

金融政策の変化

伝統的金融政策		非伝統的金融政策
名目金利	金利	実質金利
短期金利（政策金利）	期間	長期金利（国債）
現在	指標	未来

伝統的金融

金融政策の目的は、投資Iの回復です。伝統的政策は、政策金利（名目金利）を引き下げるものでした。各国政府は、リーマン・ショック後にこぞって導入し、特に日米欧の主要国はすべてゼロ金利となり、それ以上の金融緩和ができません。

金利を下げ、投資を刺激するという金融政策は、その手段を失います。では、もう金融政策にはなす術がないのでしょうか。いいえ、違います。**ゼロ金利下でも、金融政策の手段はあるのです。**

現代経済学の知見3
――非伝統的金融政策（アベノミクス）

現代経済学をベースにした新しい金融政策「**非伝統的政策**」は、日米欧ともに導入されています。日本ではアベノミクスがそれに

インフレ		デフレ
実質賃金は減少	賃金	実質賃金は増加
返済負担が軽くなる	債務・借金	返済負担が重くなる
預金・国債など名目資産は減少	金融資産	預金・国債など名目資産は増加
	投資	実質金利が上がるため住宅などの購入や企業の設備投資が減少

浜島書店『最新図説 政経』より著者作成

当たります。

①インフレ・ターゲット

名目金利がたとえゼロになっても、実質金利を下げることは可能なのです。未来時点での変化率＝インフレ率を取り入れた政策です。これをフィッシャー方程式といいます。

名目金利は、ゼロ以上に下げられません。しかし、インフレになりさえすれば、実質金利は下げることができるのです。例えば

実質金利－2％＝

名目金利0％－インフレ率2％

ですから、**インフレ率はたった0・1％でも構わない**のです。

実質金利－0・1％＝

フィッシャー方程式

実質金利 ＝ 名目金利 － インフレ率（未来ー現在）

GDPデフレーター（左目盛）と消費者物価前年比（右目盛）

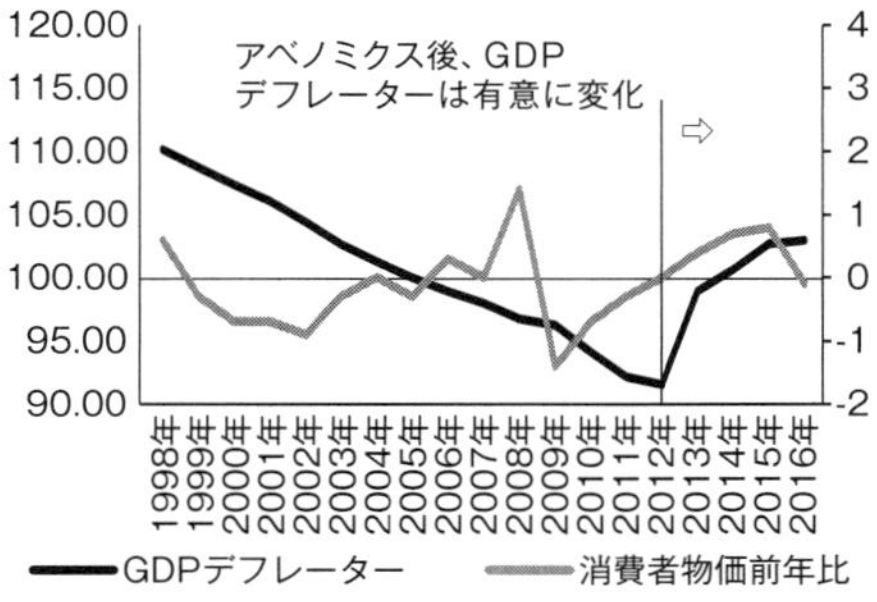

名目金利0%−インフレ率0・1%

非伝統的政策を採用したアベノミクスでは、インフレ率2%を目標にしています。これが未達でも、実は全くかまいません。アベノミクス後、名目GDPと実質GDPの差＝GDPデフレーターは、明らかに変化しています（インフレ率が上昇）。

物価を見る水準には、次の三つがあります。

・GDPデフレーター
・消費者物価
・卸売物価

このうち、消費者物価だけを見て、「2%達成の成否」を判断してはなりません。GDPは「国内」総生産ですから、輸出入物価は入りません。これが上がっているのです。

逆に、デフレは「100%悪」です。不況の原因は、企業投資Iの減少でした。デフレは、企業投資I（住宅投資もIに含まれる）を減らすのです。

例えば、金利2%（名目値）で借金をしたとしても、2%物価が下落するデフレでは、

物価指数

GDPデフレーター	実質と名目の差 商品やサービスの価格変動
消費者物価指数	小売段階の物価水準
企業物価指数	卸売段階の物価水準

実教出版『2018 新政治・経済資料 三訂版』

実質的な金利は4％に上昇し、企業の負担が増えてしまうのです。

実質金利4％＝名目金利2％－インフレ率－2％

こうなると、企業は投資を控えます。そして投資よりも、借金の返済を優先します。だから預貯金を増やすのです（第1章P39参照）。

極端なインフレも、デフレも、私たちの資産を毀損し、好ましくありません。**とりわけデフレに関してだけは、たったマイナス0・1％でも「100％悪」なのです。**

インフレ・ターゲット政策は、いま述べたフィッシャー方程式において、「未来時点のインフレ率をこのようにします」とコミット（公約）するものです（**フォワード・ガイダンス政策**）。

90年のニュージーランド以降、20ヵ国以上で採用されています。ユーロ圏の欧州中央銀行（ECB）は1998年に、また米連邦準備理事会（FRB）は2012年に導入しました。日本の導入は遅れに遅れ、文字通り「失われた20年」となっています。

これは「インフレ率がその数字になるまでは、金融引き締めは

主な採用国	導入した年	インフレの目標値
ニュージーランド	1990年	0.0～3.0％
イギリス	1992年	2.5％
スウェーデン	1993年	2.0±1.0％
オーストラリア	1993年	2.0～3.0％
日本	2013年	2.0％

清水書院『高等学校 新政治・経済』2015年より著者作成

行われないだろう」との予想に導きます。口約束だけではだめで、コミットを保証する「証拠」が必要です。それが量的緩和なのです。

②量的緩和政策

清水書院『政治・経済資料集 2018』P258-259

コールレートが、ほぼ0%になって以降、さらに金融政策を継続する場合、伝統的金融政策以外の方法が必要となる。つまり、2001年以降日銀が実施したさらなる「緩和政策」が非伝統的金融政策と呼ばれるものである。金融政策の誘導目標は、非伝統的金融政策の実施によってコールレートから、「日銀当座預金残高」になった。

……世界的にも非伝統的金融政策としての金融緩和が広がり、FRB（アメリカ）やECB（EU）もこれを実施し、金融市場に中央銀行が積極的に介入し、資産買い入れなどが実施された。

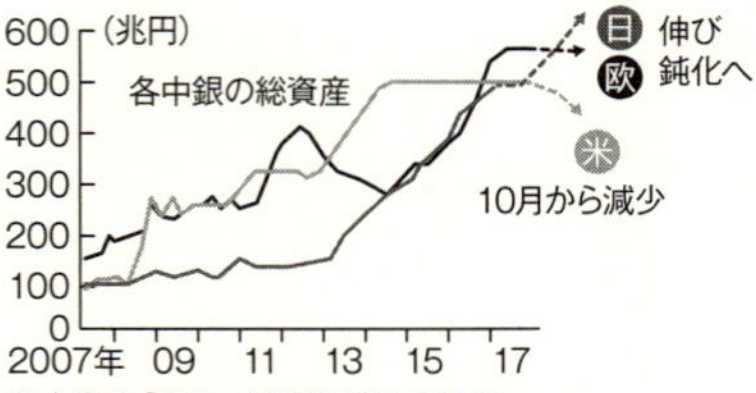

清水書院『政治・経済資料集 2018』

A　長期金利低下

日銀は、国債・株のほか、資産を大量に購入しますと宣言し、それを実行してきました。国債を日銀が買うので、国債価格上昇（長期金利低下）になります。**長期金利は低下します。企業は、「長く借りても金利は低いことを保障」されます。**発行する社債も、民間の長期貸出金利も低下します。

住宅建設は、「消費Ｃ」ではなく「投資Ｉ」です。金利の低下で投資を刺激するのです。ＥＵや米国も同じです。

Ｂ　マネタリーベース拡大

日銀は、マネタリーベースを拡大し続けます。その結果、現金＋当座預金が増えます（Ｐ１７２図参照）。因果関係として、マネーストック（民間の貸出金）は増加します（Ｐ１７３グラ

2012年度末 日銀バランス・シート

国債	125.4	63.4	発行銀行券
ほか	39.4	58.1	当座預金
		40.1	ほか
		161.6	負債合計
		3.3	純資産
資産合計	164.8	164.9	負債・純資産合計

（兆円）

2017年9月末日銀バランス・シート

国債	435.9	100.8	発行銀行券
ほか	77.5	369.2	当座預金
		39.7	ほか
		509.7	負債合計
		3.7	純資産
資産合計	513.4	513.4	負債・純資産合計

非伝統的政策 長期金利低下（財務省）

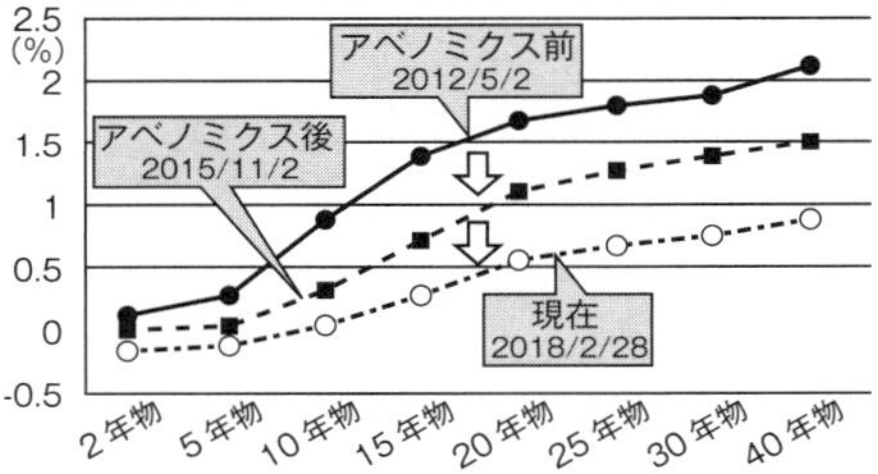

フ参照)。結果的にマネーストックは150兆円以上増加しました。

　各中央銀行は、大量の国債・株式・債券を購入し、当座預金残高を増やします。この当座預金を必要以上とも思われる額に増額する超過準備(「ブタ積み」と言ったりします)が、約束を保証する証拠なのです。

　この「ブタ積み」に意味があるのです。政策金利(短期金利)の調整は、当座預金量の増減によってなされます。いまはゼロ金利、すなわち資金がジャブジャブの状態です。企業にとって大切なのは、「今期(今)」の金利ではなく、「来期(未来)」の金利です。今は金利が低いのは十分承知しています。問題は、来年も再来年も、この「低い金利で借りられるのか?」ということなのです。

　それを保証しているのが、日銀当座預金の「ブタ積み」なのです。仮に「出口政策=金融の縮小」を行ったところで、このブタ積みを直ちに元に戻すことは「不可能」です。そ

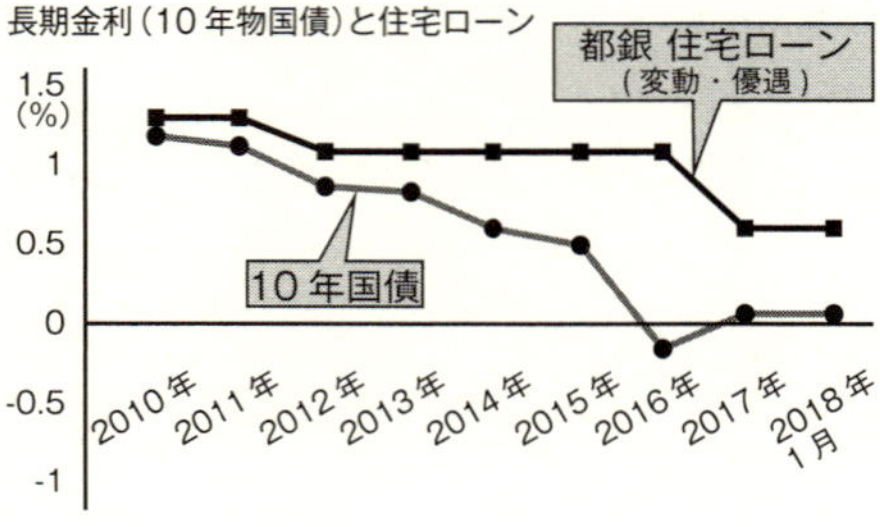

長期金利(10年物国債)と住宅ローン

うすると、来年も再来年も「政策金利は（急には）上がらない」ことが保証されていることになるのです。

つまり、非伝統的政策は、

a　長期金利の低下

b　低い政策金利の長期保証

この**ダブルの効果**をねらって、実際に保証しているのです。

これで、企業は安心して投資ができます。

日銀 量的緩和 推移

（兆円）

2012年度末	
63.4	発行銀行券
58.1	当座預金
40.1	ほか
161.6	負債合計

ブタ積みに意味がある ⇦

2017年9月末	
100.8	発行銀行券
369.2	当座預金
39.7	ほか
509.7	負債合計

アベノミクス

アベノミクスは金融政策において、非伝統的政策を導入したものです。その目標は、「総需要V総供給」時における需要を、潜在供給水準にまで引き上げることです（失業率の低下を目指します）。

そのために投資Iの回復を目指します。手段としてインフレ・ターゲットおよび量的緩和策を導入します。

未来予想に働きかけ、未来を変化させているかどうかが、成否の指標になります。

結果としては、理論通りの動きとなりました。

アベノミクスの成否 未来の指標に注目

今		未来
消費C	項目	貯蓄S 投資I
名目金利	金利	実質金利
短期金利 (政策金利)		長期金利 (国債)
	投資	株式投資・債権投資
失業率・求人倍率	就職	高校生・大学生内定率

リーマン・ショック後、跳ね上がった失業率
（厚労省）完全雇用から遠い

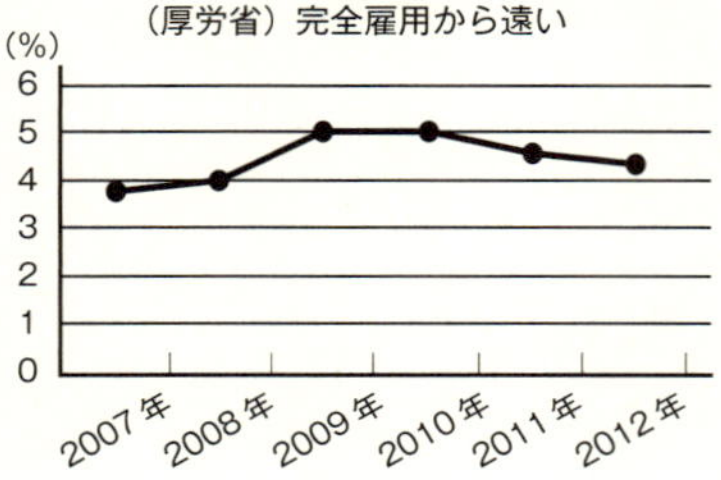

①投資Iは回復しました。輸出（海外投資Iの別名）額も増えました（図①）。
②失業率は回復しました。労働者数が増えた上での失業率低下です（図②）。
③正規雇用が伸びています（図③）。

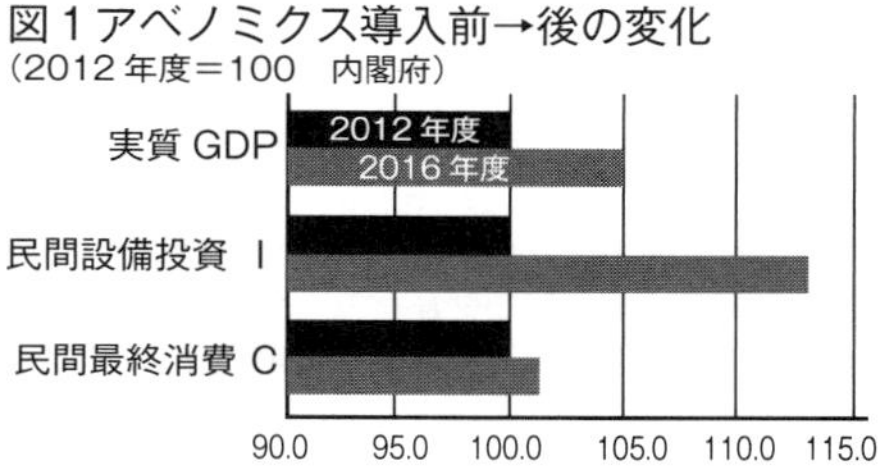

図1アベノミクス導入前→後の変化
（2012年度＝100　内閣府）

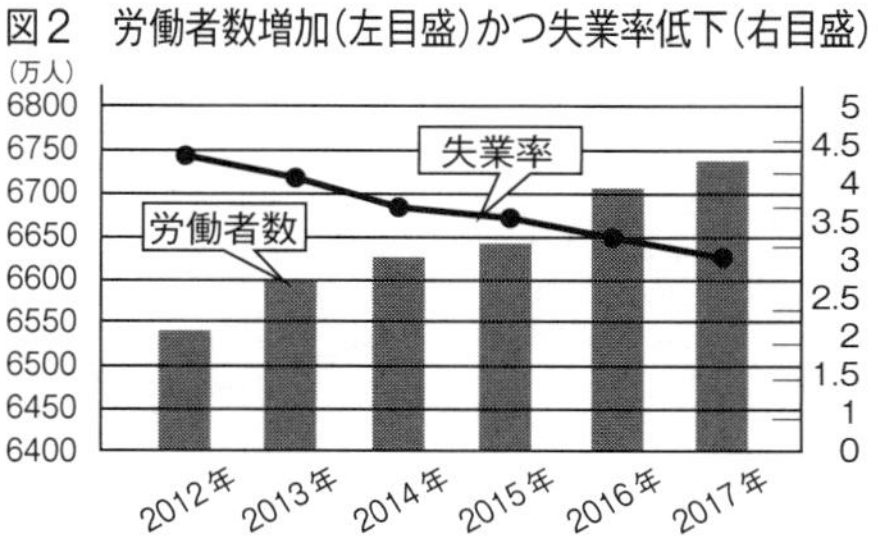

図2　労働者数増加（左目盛）かつ失業率低下（右目盛）

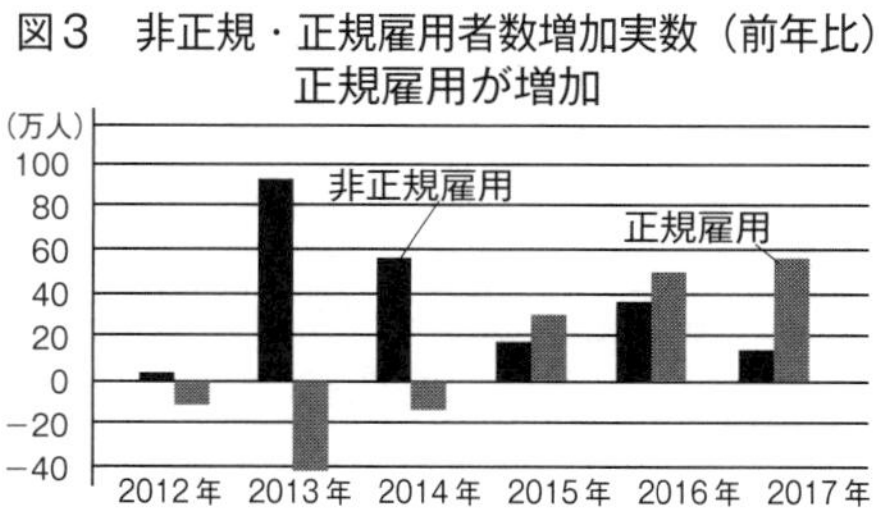

図3　非正規・正規雇用者数増加実数（前年比）
正規雇用が増加

図4　日本 長期フィリップス曲線（1980-2017年）（IMF）

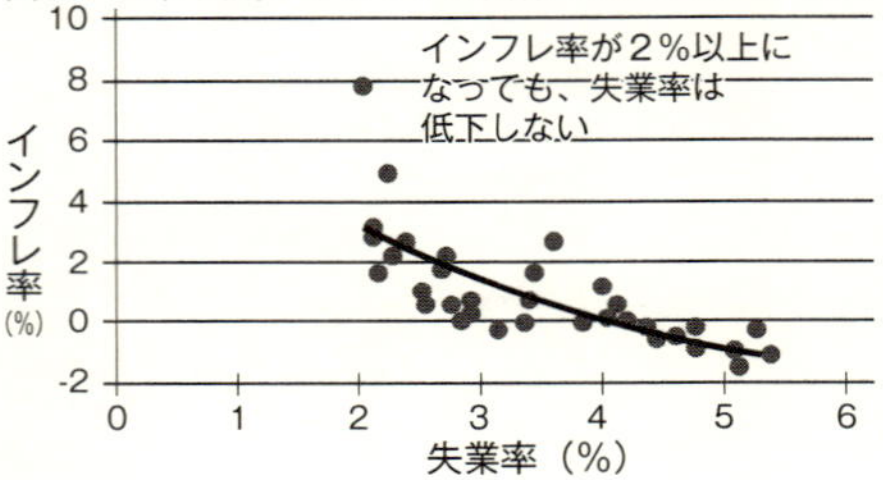

アベノミクス 短期フィリップス曲線
(2016.1-2017.12 総務省 厚労省)

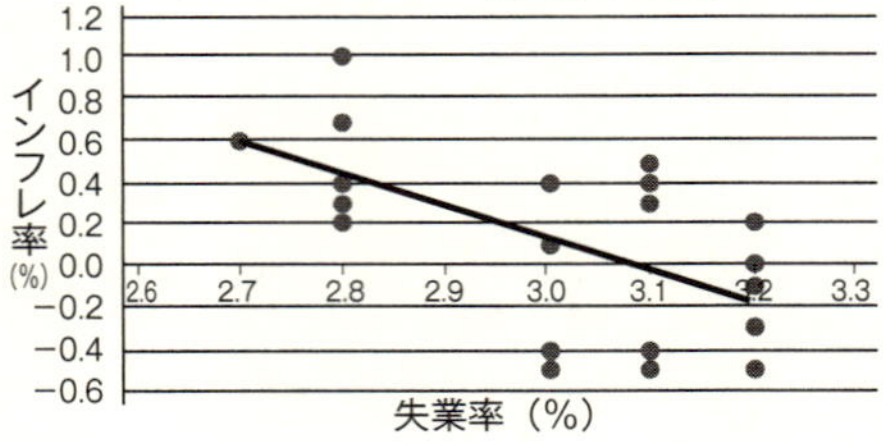

図5　高校生（3月末）・大学生（短大・高専含／4月1日）
就職内定率（文科省）

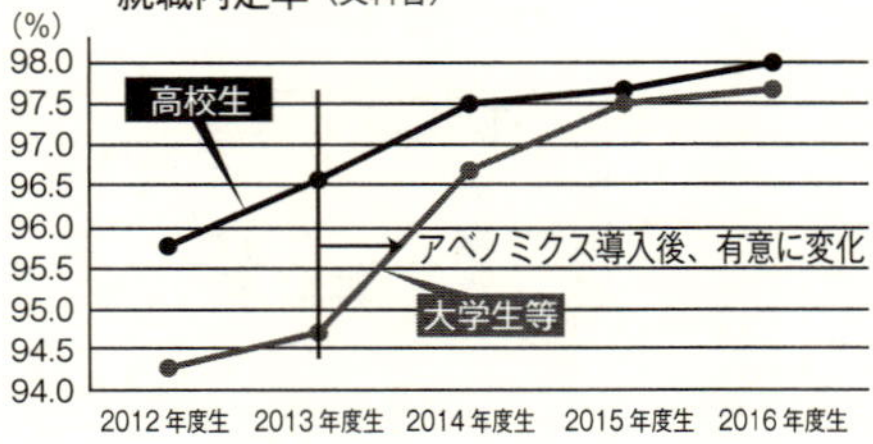

④フィリップス曲線通りの失業率回復になっています（図④）。

⑤未来の指標である就職内定率は、上昇しています（図⑤）。

今後は、1人あたりGDP水準の引き上げといった、長期的な成長戦略が必要です。

第5章 ミクロ経済学

この章では、第3章で触れた「需要と供給」の世界を改めて検証します。「ミクロ経済学」と呼ばれるものです。結論から先に言うと、需要と供給の関係において、価格と量が均衡する完全競争市場世界など、この世にはありません。現在の経済学が研究しているのは、「需要と供給で決まるという完全競争市場の要件を欠いた、不完全競争市場」です。具体的には「独占的競争市場」「寡占市場」「独占市場」のことです。これらの市場の不完全さを補うために、政府の独占禁止法や公共財供給が必要なこと、生産者と消費者の持つ情報量の違いから生じる契約の不公正には、クーリングオフや消費者基本法という対策があることを学んでいます。

例えば皆さんがよく聞く「賃上げ」とか「値上げ」ということば。これは誰かが意志を持って上げたり下げたりしていることを示しています。完全競争市場では、価格は「上がったり下がったり」するもので、「上げたり下げたり」はできません。時給や給料が、毎日・時間・秒ごとに変動している世界などこの世にないのです。しかし、需給で決まる理想状態を想定することによって、その状態を実現していない寡占市場・独占市場、あるいはブラック企業の理不尽さを理解するのです。

本章ではさらに、自己利益を追求すると最悪の均衡になるというゲーム理論の知見を示しました。ヒト社会の長期的関係を分析しています。

完全競争市場（実は存在しない）

数研出版『改訂版 政治・経済』P118

完全競争市場 ①財の同質性、②情報の完全性、③多数の経済主体の存在、④参入・退出の自由の四つの条件を満たした市場のこと。売り手も買い手も自分で価格を決定できず、市場で決まった価格を目安に行動する。（数字は筆者挿入）

本当は、**需要と供給で価格と量が決まる完全競争市場など、この世にない**のです。扱われている商品がすべて同じもので（①財の同質性）、消費者も供給者も商品の内容を完全に共有し（②情報の完全性）、売り手も買い手も多数で（③多数の経済主体の存在）、市場価格を受け入れるだけの立場にすぎないプライス・テイカー。こんな条件を満たした市場はありません。

牛丼の値上げ、賃金の値上げ、通信料の値下げ――これらは

本当は、この世にない、完全競争市場

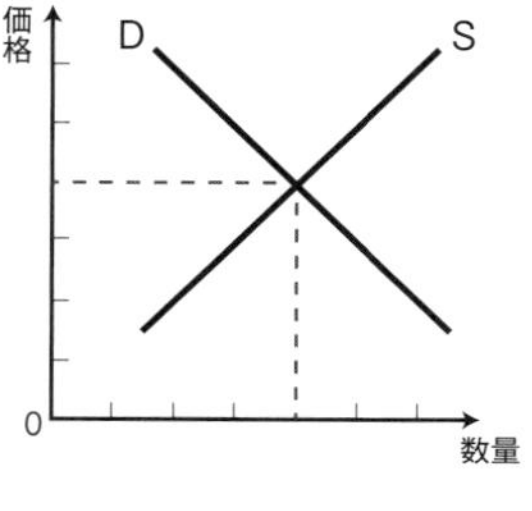

すべて、自らの意志で価格を決められるプライス・メイカーの事例です。完全競争市場に似たような例としては、為替市場や素材市場などがありますが、実際に、私たち消費者・生産者が直面している市場は、完全競争市場の条件を欠く、不完全市場です。

清水書院『政治・経済資料集 2018』P229

しかしこうした完全競争市場は、理論的モデルであって現実には存在しない。

……にもかかわらず、完全競争市場を理解しなければならないのは、それが市場構造を評価するベンチマークだからである。現実の企業が直面するほとんどの市場は、完全競争市場の条件のいずれかを欠いている不完全競争市場なのである。

完全競争市場は、「摩擦や空気抵抗をゼロとして考える物理学」と同じです。あえて一番理想的な状態を想定し、現実に存在する市場の非効率性や問題点などをあぶりだす、基準点なのです。均衡点で価格と量が成立する状態が、総余剰が一番大きく、資源を一番効率的に配分している最適点でした（第3章）。その状態をゆがめているのが、生産者・消費者独占市場や、寡占市場です。では、現実に存在する市場を分析しましょう。

不完全競争市場 1——独占的競争市場

東学『資料 政・経 2018』P275

不完全競争市場（プライス・メイカー） 現実の市場のほとんどは、完全競争市場の条件のどれかを欠く不完全競争市場である。この市場では供給者（時には需要者）が価格を決定する。

不完全市場では、売り手（ときには買い手）が価格を決めます。私たち消費者は、スーパーに並ぶ商品の価格からマンションの家賃、公共料金、そして交通料金など、生活のあらゆる場面で生産者の決めた価格に直面しています。

また、コンビニのバイトの時給やサラリーマンの初任給、小麦やバターの政府独占購入（販売）は、消費する側が価格を決めています。これらをプライス・メイカー（価格設定者）といいます。

市場の種類	企業数	特徴
完全競争市場	多数	売り手と買い手が多数存在し、価格支配力を持つ者が存在しない
独占的競争	多数	商品の差別化が行われ…売り手は…価格支配力を持つ （例）書籍、観光業、レストラン
寡占市場	少数	主要企業がプライス・リーダーとなり、価格の下方硬直性が起こる。企業間で戦略的行動を取る （例）ビール、携帯電話
独占市場	単一	売り手は供給量をコントロールして価格を支配できる （例）電気・ガス・水道

第一学習社『最新 政治・経済資料 2018』より著者作成

独占的競争市場の例

生産者は、差別化した商品を提供します。服やスニーカーからマンション・戸建住宅まで、価格からデザインから、素材まで千差万別です。サービスも同じです。ラーメン店などの飲食店、床屋や携帯電話サービス、ライブや航空機チケットまで、一つとして同じ商品はありません。これが独占的という意味です。ニッチ（すきま）商品を提供し、その商品について独占的に供給しています。

ブランドが好例です。エルメスのバッグが欲しい人は、他のバッグに見向きもしません。エルメスが価格決定権を持ちます。ですからブランドは、全生産者の究極のあこがれなのです。ブランドを認知してもらうための手段が広告です。小は電話帳に少し大きな文字で載せてもらうことから、テレビ・ネット広告まで、企業は6・3兆円（2016年）もの巨額な広告費をかけています。**広告の目的**

2016年　広告費62880億円の内訳

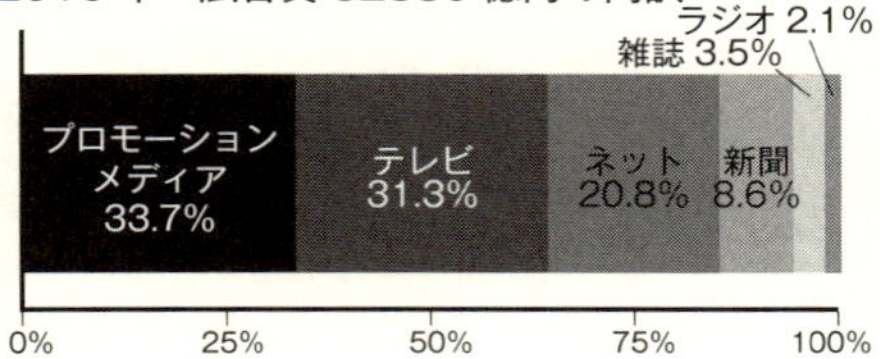

は、差別化なのです。

とはいえ、ラーメン店、ハンバーガー店は、それぞれ独自商品を提供しているとはいうものの、ラーメン店同士、ハンバーガー店同士で競争し、さらに飲食業界全体としても競争しています。ショッピングモールのフードコートで、ラーメンの相場が800円程度のところ、1500円の天そば価格はつけません。バイトの時給も、初任給も、消費者（企業側）が価格をつけるものの、同業他社と極端に違う価格は提示できません。これが競争という意味です。自社の商品については独占的ですが、業界として競争しているので、独占的競争市場というのです。

不完全競争市場 2――寡占市場

清水書院『高等学校 新政治・経済 新訂版』P90

売り手や買い手が少数である**寡占市場**はもっともよくみられる市場構造である。とくに生産財のように同質の製品が大量に取り引きされる市場では、一つの企業がプライス-リーダーになって価格を決定し、他の企業がそれに追随する場合がある。このように形成された価格を**管理価格**といい、市場の需給関係が反映されづらく、価格が下落しにくいと指摘されている。

寡占状態でも、消費財のように似たような製品を提供している市場では、デザイン・ブランドによる製品の差別化や広告宣伝によるシェア争いなどの**非価格競争**がはげしくおこなわれる。

寡占市場では、価格競争をしません。極端な場合には、1円単位で横並び価格となります。例えば大手新聞の宅配月間購読料を見ると、読売・朝日・毎日の全国紙3紙は4037円で横並びです。中日・北海道・西日本のブロック紙3紙も、全国紙価格にそろえて4037円です（いずれも朝夕刊セットの場合）。

また、2018年4月から、ビールの業販価格について、アサヒ、キリン、サントリー、サッポロの大手4社がピタリと同時に値上げをしました。不思議なのは、「なぜプライス・リーダーの価格に合わせて値上げするのか?」ということです。他の社が値上げをした場合、自社が価格を据え置けば、売り上げは必ず伸びるはずです。しかし、寡占市場ではそれを行いません。ここには、市場メカニズムが働かない、寡占市場独特の戦略があるのです。それを分析するのが、ゲーム理論です。

ゲーム理論

とうほう『政治・経済資料2018』P209

J・ナッシュ　ゲーム理論を現実社会に反映させ発展。参加者全員が相互の戦略を予測し、自身最良の選択（支配戦略）をした場合、安定的な均衡状態-支配戦略の組合せ（ナッシュ均衡）が生じるとした。

ゲーム理論は、ナッシュによって提起された理論です。経済分野では寡占市場のほか、環境市場、資源市場、軍拡市場などに適用され、経済学以外にも、経営学、政治学、社会学、工学などの分野に応用されています。完全競争市場との違いは、「相手がいる、相手の出方を予想する、自己の利益を追求すると最悪の結果になる」という点です。

完全競争市場
他の生産者・消費者は関係ない
目の前にある情報で意思決定

ゲーム理論（例　寡占市場）
相手がいる
相手の出方を予想しなければならない

自己利益を追求すると最善
均衡は一つ

自己利益を追求すると最悪
均衡は複数

ゲーム理論で、最も有名な、囚人のジレンマの例を見てみましょう。[*1]

AとBという共犯の2人の被疑者を取り調べます。2人は別々の部屋にいて意思の疎通はできません。警察官が、2人に対して、条件を与えます。

1「2人とも黙秘なら、2人とも懲役2年だ」
2「2人とも自白したら、2人とも懲役5年だ」
3「君が自白して相棒が黙秘したら、君は懲役1年、相棒は8年」
4「相棒が自白して君が黙秘したら、君は懲役8年、相棒は1年」

ともに黙秘すると、互いに懲役2年の刑になり、2人にとって一番望ましくなります。しかし「自己利益のみを考え、その利益を最大化する」という合理的な選択をすると、どちらも相手を裏切る自白をし、最も望ましくない懲役5年の刑になってしまうのです。これが、ナッシュ均衡です。

囚人のジレンマ利得表

		囚人B	
		自白	黙秘
囚人A	自白	−5　−5	−1　−8
	黙秘	−8　−1	−2　−2

囚人Aの利得　囚人Bの利得

Aの立場から考えます。Bの行動を予想すれば、Bが自白した場合では、自分が自白すると懲役5年、黙秘で懲役8年ですから、どちらにしても自白がトクです。Bが黙秘した場合は、自白すると懲役1年、黙秘で懲役2年ですから、自白がトクです。結局Bの行動がどちらであろうとも、一番トクなのは相手を裏切る自白になります。結果的にAは、自白を選択することになります。

Bにとっても一番トクなのは相手を裏切る自白です。

このように、2人とも合理的に行動した結果「自白」を選択し、ともに懲役5年の刑という望ましくない結果になってしまうのです。相手の戦略を読んだうえで、互いに自己の利益を最大化（相手を裏切る）すると、最悪の結果（均衡）になるのです。

囚人Aから考えた場合

	囚人B			
	自白		黙秘	
自分が自白	−5	−5	−1	−8
自分が黙秘	−8	−1	−2	−2
	自白がトク		自白がトク⇨自白する	

囚人Bから考えた場合

		自分が自白		自分が黙秘		
囚人A	自白	−5	−5	−1	−8	⇨自白がトク
	黙秘	−8	−1	−2	−2	⇨自白がトク⇩自白する

＊1　とうほう『政治・経済資料 2018』P209の設定と値を使用します。本文は、東学『資料 政・経 2018』P278を参考にしています。

寡占市場

小さな街にガソリンスタンドが2店だけあるという寡占市場を考えてみます（3社、4社と増えても結局は同じ状態に直面します）。現在、両店ともに1リットル100円の価格で販売しているとします。同じ価格なので、もうけはきっちりと2等分されています。

A店が安売り競争を仕掛け、98円の安値を付けたとすると、B店の客を奪うことができます。ほんのわずかな値下げで、大きく利潤（利得）を伸ばすことができます。

現在の100円を維持した場合、両店ともに5の利得を得ます。A店が値下げをすると、A店だけが利益を伸ばし利得は8、B店の利得は1になります。その後、B店が値下げを選択すれば、100円の価格を維持していた時よりも、両店の利得は2に減ってしまいます。値下げ競争をすると、両店ともに値下げを選択することになり、ともに利得を減らす望ましくない均衡（ナッシュ均衡）に陥ってしまいます。

寡占市場が完全競争市場と違う点は、相手（企業）がいて、今後もずっとその相手とライバル関係が続く、つまりゲームが続くということです。こうした状況を「繰り返しゲーム」といいます。繰り返しゲームになると、「協力すれば、相手も協力してくれる」、「値下げする（裏切る）と仕返しされる」という関係になります。こうした戦略を「トリガー（引き金）戦略」といいます。

トリガー戦略を選んだ場合、「お互いに協力する」が、最も望ましい均衡になります。だから賢明な企業同士は、暗黙の了解で「価格競争を避ける」ことを選択します（ただし談合すれば違法カルテルとなり、独占禁止法違反で処罰されます）。同じ業界の企業同士で共同出資し、事業提携を行うのも、同じ理由からです。

ガソリンスタンド利得表

		B店			
		高値		値下げ	
A店	高値	5	5	1	8
	値下げ	8	1	2	2

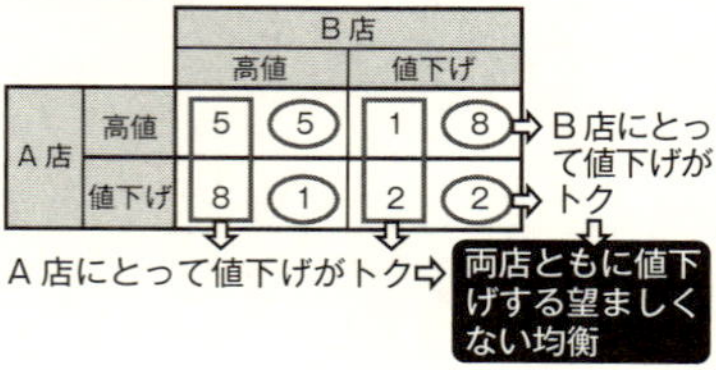

このように、長期的関係に基づいた寡占市場では、企業は価格競争をせずに、プライス・リーダーの定めた管理価格に自社の価格を合わせるようになります。あとは、デザイン、風味、広告、サービスなど、価格以外の面で、非価格競争を行うのです。カップめん、デジタルカメラ、粗鋼、ガラス、クルマなど、あらゆる商品で見られる現象です。

ゲーム理論の適用

①共有地の悲劇

帝国書院『世の中の動きに強くなるアクセス現代社会2015』P30

村内で使っている共同の牧草地は、村人であればみな無料で制限なく自由に利用できる。そのため、村人には「使わないと損だ」という考えが生じ、ほかの村人に先を越される前にたくさんの牛を放牧して多くの利益を得ようという動機が生じる。村人みんなが同様に自らの利益だけを追求して、たくさんの牛を放牧し始めると、草はなくなり、牧草地は再生不能、結果的に誰も放牧ができなくなり、村人全員が生活の基盤を失う。みなが個人の利益を追求すると、全体の利益は損われる。

太平洋の小型クロマグロは、資源の減少を防ぐため、国際機関が漁獲量を取り決めています。日本はクロマグロの8割を消費しますが、その日本で不正漁獲が相次いだことで2016年、17年と2年連続で超過が濃厚となり、漁獲枠を減らされかねない状況となって

います。自己利益のみを追求すると、全体の利益が損なわれる、「共有地の悲劇」の一例です。協調・実効性を伴うルール・私物化が状況を打破するといわれます。

地球環境問題も同じです。2020年以降の温暖化防止の枠組み「パリ協定」は、参加国・地域が196を超え、京都議定書の37カ国と1地域から大きく前進しました。数値目標を守らせる京都議定書から、自主的に目標を定める形に「ゲームのルールをがらりと変えた」からです。

象牙の密輸が絶えず、アフリカゾウが減少しているアフリカでは、ケニアなど複数国でゾウの私有化を認めました。結果として密猟を大幅に減らすことができました。

共有地の悲劇
資源問題・環境問題

		B国（漁・猟）	
		資源考慮	利益追求
A国（漁・猟）	資源考慮	○ ○	× ◎
	利益追求	◎ ×	△ △

②リニエンシー（課徴金減免）制度

2017年12月、リニア中央新幹線建設をめぐり、大手ゼネコン4社が談合を行ったとして、東京地検特捜部が捜索に入りました（のちに独占禁止法違反容疑で逮捕者が出る事態に至りました）。談合者自らカルテルや入札の不正取引を自主申告するよう促す、ゲーム理論を応用した課徴金減免制度で発覚しました。

この制度においては、公正取引委員会への第一申告者は課徴（制裁）金と刑事告発を免れ、申告の早い順に課徴金が50％から30％に減免されます。同着を避けるため、ＦＡＸでのみ申告を受け付けています。２０１６年度の自主申告の件数は１２４件で、課徴金の総額は91億円となっています。

リニエンシー
課徴金減免制度

		他社	
		黙秘	申告
自社	黙秘	○　○	×　◎
	申告	◎　×	申告順

不完全競争市場３――独占市場

帝国書院『社会科 中学生の公民 より良い社会をめざして』Ｐ１１１

売り手が１人（独占）や、少数（寡占）であれば、売り手は供給量を減らして価格を上げることができます。……１人の売り手が決めた価格を**独占価格**、少数の売り手が決めた価格を**寡占価格**といいます。このさい、売り手が社会にとっての希少性や消費者の必要性を考えずに価格を決めないよう、政府の取り組みが求められる場合もあります。また、国民生活の安定のために、国や地方公共団体が変更を許可したり、規制をしたりするモノやサービスの価格を公共料金といいます。公共料金は、エネルギー、交通、通信、公衆衛生など、価格の変動が生活に及ぼす影響が大きく、市場における売り手の企業が一つあるいは少数の場合に多く設定されています。

企業の目的は利潤の最大化です。独占企業の場合は、値上げ（販売量減）が合理的になります。独占企業が提供する商品（生活必需品）の需要曲線は、傾きが急になります。薬やインフラ料金などは、価格が高いからといって、量を減らすことができません。その場合、値上げ前のP×Qより、値上げ後のP1×Q1の方が売り上げが大きくなります。そうなると市場には、値上げ後の均衡点より少ない量しか供給されないことになります。そこで、最適な量（値上げ前の均衡量）を供給するよう、政府が価格を許認可する仕組みになっています。

独占市場の需給

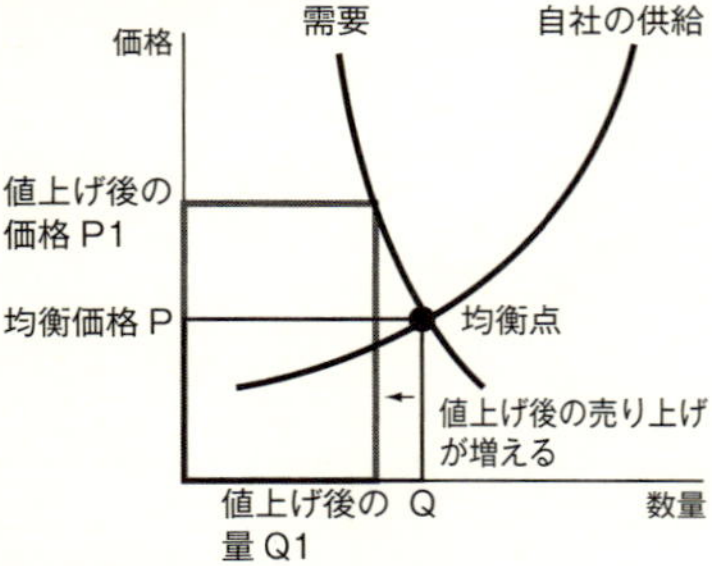

東学『資料 政・経 2018』に追記

市場の失敗——政府の必要性

数研出版『改訂版 政治・経済』P122

価格の自動調節機能（市場機構）による資源配分の効率性が損なわれることを、**市場機構の限界（市場の失敗）**という。

市場機構メカニズムが働いた均衡点が、総余剰が一番大きく、資源を一番効率的に配分している最適点でした（第3章）。このメカニズムが損なわれると、社会全体の総余剰が失われます。そこで政府は、市場メカニズムがスムーズにはたらくように、市場のゆがみを直すのです。

①寡占・独占

帝国書院『社会科 中学生の公民 より良い社会をめざして』P127

あるモノやサービスの供給が独占や寡占の状態になり、新たな企業の参入がない場合には、競争は生じにくくなります。

寡占市場のカルテル・談合や、独占を防ぐために、独占禁止法がもうけられています。寡占や独占による価格統制（量も統制）は、社会の総余剰を減らし、最適な資源配分を損ないます。政府の介入が求められるのです。

②情報の非対称性

東京書籍『新編 新しい社会 公民』P123

契約は当事者間でそれぞれの意思に基づいて自由に行われるべきものですが、現実には、消費者が自分の意思で判断することは難しいものです。商品を売買するとき、売り手はその商品についての知識や情報を十分に持っていますが、消費者はそうではありません。そのため、消費者は売り手が示す情報にたよらざるをえず、それが正しいかどうかを判断することは困難です。

……このように消費者が売り手に対して不利な立場にあることが原因で、消費者が不利益をこうむることがあります。医薬品や食品による健康被害、欠陥住宅、詐欺などの消費者問題の多くは、このようにして起こっています。

情報の非対称性は、すべての交換取引に内在する本質です。経済活動は情報の非対称性を埋めるために成立すると言っても過言ではありません。売り手と消費者の持っている情報に差があることで、その差を埋めるべく、書籍、塾や学校、医療や法律相談といった良いもの（Ｇｏｏｄｓ）が提供され、売買されるのです。ただし、そこに「不正」があっては、市場取引が円滑に進みません。そこで、政府はさまざまな法律や資格を定め、民間でも業界団体を整備するなど、コストをかけて品質を保証するのです。

法整備：建築基準法、食品衛生法、保険業法、工業製品の各種法律
資格・免許制度：医師、薬剤師、保健師、弁護士、会計士、各種免許制度など
契約後の解除：消費者契約法、特定商取引法（クーリングオフ）、ＰＬ法など

これらは、消費者側に向けて、生産者の提供する財・サービスの品質を保証する制度です。ニセの医者や薬、無資格のふぐ調理が横行すれば、命にかかわります。

民間でも、独自の取り組みを行います。中古車販売業者は、「自動車公正取引協議会」や「日本中古自動車販売協会連合会」を組織し、それに加盟するというコストをかけることで、消費者に信用してもらおうとします。これをシグナリングといいます。

労働市場では、労働者が、消費側（雇う側）に、学歴・資格・職歴などの情報を提供します。消費者側は、そのシグナリングをもとに、よりよい労働者を選別しようとします。
情報の非対称性を前提に、結んだ契約そのものを取り消すことができる制度もあります。クーリングオフ制度です。また、PL法（製造物責任法）は、消費者は財・サービスの情報を持ちえない（調べられない）ので、ものや人に損害が出た場合、消費者がその欠陥を証明できなくても、メーカーの無過失責任を問える制度です（食品や化粧品の事例）。

---

③外部経済と外部不経済

清水書院『高等学校 新政治・経済 新訂版』P91

外部効果（外部性）のうち、市場外にプラスが出る場合を外部経済、マイナスが出る場合を外部不経済とよぶ。

新駅ができたことにより、付近の商店街の売り上げが増える場合などが外部経済で、駅までの自転車が増えて、周辺の通行に支障が出ることが外部不経済の例としてあげられる。

公害や環境破壊は**外部不（負）経済**の典型例で、河川や空気の汚れにより社会は損失をこうむる。しかし、個々の経済主体は自身が受ける利益や直接負担するコストのみを考え、社会が受ける利益や損失を考えない。この場合は、私的な利益と社会的損失の差額を税金や課徴金で負担させたり、法的規制をくわえたりしていく必要が生じる（**外部不経済の内部化**）。

公害や環境破壊につながる商品では、その対策費用コストは商品価格には上乗せされていません。水俣病では、1年あたりの被害額は126億3100万円に達したのに対し、原因となった企業は、年間1億2300万円程度の対策費用しか出していないという算定結果があります（合同出版『日本の公害経験』）。

そこで、政府は税金をかけて価格を引き上げ、コストを含んだ本来の適正な需要・供給量を実現しようとします。炭素税、ガソリン税などの例があります。

④公共財の提供

山川出版社『現代社会 改訂版』P101

一般の道路・橋・公園・灯台のような**公共財**は、ある者がそれを利用しても他の者による利用が妨げられることはないという性質（**非競合性**）や、対価を払わずに利用する者を排除するのが困難という性質（**非排除性**）があるため、民間企業ではなく政府が供給する必要がある。

一般的な商品である私的財・サービスは、競合性があります。あるショートケーキを誰かが買えば、他の人は買えません。レストランで席に着けば、他の人は飲食サービスを受けられません。しかし街灯の光は、Aさんが浴びたからといって、Bさんはその分だけ浴びられないということはないという、非競合性の財です。

また、警察や消防、国防といったサービス、また河川の氾濫を防ぐ堤防などは、一度提供されてしまうと、費用を負担せずにタダで利用（消費）しようとするフリーライダーを排除できません。タダで使われてしまっては、民間企業の場合はお手上げです。

そこで、道路や公園などの非競合性・非排除性を持つ公共財については、政府が供給することになるのです（米国のゲーティッド・コミュニティのように、少数の富裕層が壁で街を覆い、その税で街を維持することは可能です）。

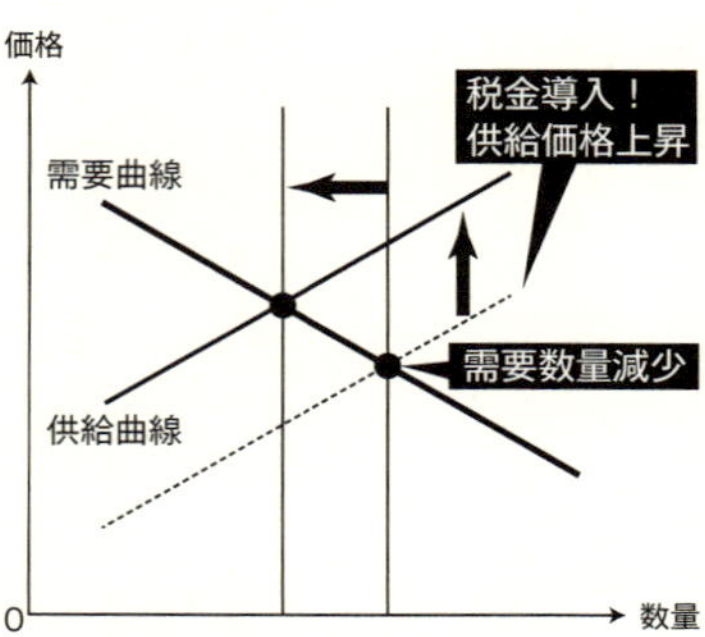

とうほう『テーマ別資料 政治・経済 2018』

第6章　行動経済学

ミクロ経済学やマクロ経済学といった伝統的経済学では、合理的なヒトを想定しています。消費者としても、生産者としても、自己利益の最大化を目的にする主体です。

しかし実際のヒトは、感情があり、不合理で、しかも時には自己犠牲もいとわない存在です。このような特性や心理を経済学の中に取り入れ、ヒトが選択する行動から経済関係を分析しようとするのが、行動経済学や神経経済学といわれる分野です。

伝統的経済学では、ヒトは利己的であることを前提にしてきました。しかし、実際の社会生活では、利他的にふるまう「例外」も存在し、しかも数多くの事例がみられます。そうなると「利己的である」という前提は本当に正しいのか？という疑問さえ生じます。常に合理的に選択しているとは言い難い例も、多々あります。

また、ヒトが営む社会は「相手がいる、長期的関係」の上に成り立っています。一期一会の完全競争市場とは違う社会が「現実」を形作っています。

そのような長期的な社会では、第5章で説明したゲーム理論のように、自己利益を追求するよりも、協力・協調関係を築いた方がお互いの利益になることがあることもわかりました。

集まって生活し、互いに役割分担し、助け合ってきたのが人類の歴史なのです。

行動経済学

ミクロ経済学・マクロ経済学の世界で想定されている人間像を、ホモ・エコノミクス（合理的経済人）といいます。合理的で、経営者としては常に利潤の最大化を目指し、消費者としては常に効用の最大化を目指す主体です。しかし、実際の人間は、ホモ・サピエンスです。ＡＩのような判断はできません。

需要曲線に従うなら、商品は安ければ安いほど売れるはずですが、「高いからこそ売れる」という現象も見られます。プレゼントや訪問先へのお遣い物です。ブランドの服や、高級車もそうです。ここには、安いものを避けようとする価値観が見られます。

このように、消費者の価値観（主観）も多様化し、需要曲線の示す通りではない事例が、実際には多くなっています。人間の行動は、単純ではなさそうです。

伝統的経済学	新しい経済学
ミクロ・マクロ経済学	行動経済学 神経経済学
合理的に行動する	非合理的な行動をする
できるだけ安く買う	価格が高い方を買う
感情や義理は排除	感情や義理に流される
理性でコントロールする	深く考えずに買う
自己の利益のみ最大化	自己利益にならないことをする

2つの社会

第5章のゲーム理論（「囚人のジレンマ」）で見たように、私たちは、一期一会の1回限りのゲームではなく、相手との関係がこれからもずっと続く関係の中で生きています。家族はもちろん、ご近所さんとの関係や、会社の同僚や仕事上の取引先といった関係も長期的です。地域社会も、国と国との関係も長期的です。およそ、「社会」と名のつく世界（これは人間だけが作り上げてきたもの）は、すべて長期的関係にあると言っても過言ではありません。

そして社会では、利己的にふるまうよりも協力・協調する方が全体の利益を守るということを、人類は学習し、経験を蓄積してきました。ゲーム理論はそれを、理論的に抽出しただけなのです。

2つの市場	
相手が見えない一期一会市場	相手が見える長期の市場
本当はこの世にない完全競争市場 ⇩ 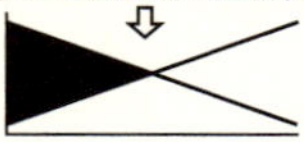	囚人のジレンマ ⇩ 繰り返しゲーム
匿名社会	知り合いの社会
自己利益追求 ⇩ 総余剰の最大化	協力・協調 ⇩ 全体の利益維持
効率	公平
動物社会 利他行動(自己犠牲)ができない	人間社会(原始時代〜) 利他性が高い

協力か裏切りか

面識のない人を集めて、囚人のジレンマゲームを1回限り行います。選択肢①は「非協力」、選択肢②は「協力」という選択になります。

1 「互いに①を選べば、2人とも100円だ」
2 「互いに②を選べば、2人とも200円だ」
3 「君が①を選び相手が②を選べば、君は300円だが相手は0円だ」
4 「君が②を選び相手が①を選べば、君は0円だが相手は300円だ」

相手の出方を予想しつつ「自己利益を最大化する」という合理的な選択をすると、どちらの被験者も選択肢①を選ぶはずですが、被験者の半数近くが選択肢②の「協力」を選ぶことがわかってきました。研究者の予想とは違う結果です。被験者は、面識のない1回限りの相手に「協力」を選んだのです。②を選んだ理由の中には、「他人の喜びを、自分の喜びのように考えて『協力』を選んだ」という意見がありました。

面識のない人との
1回限りのゲーム

		被験者B	
		選択肢①	選択肢②
被験者A	選択肢①	100円・100円	300円・0円
	選択肢②	0円・300円	200円・200円

効率か公平か

この不可思議な行動は、別のゲームでも確認されました。「最後通牒ゲーム」といわれるものです。被験者たちを2人1組のペアにし、片方に1000円×10枚＝1万円を渡し、ペアといくらずつ分けるかを提案してもらいます（金額は実験によってまちまちです）。提案された方が受ける場合は、この1万円が2人に配分され、拒否した場合には、2人とも1円ももらえません。「自己利益のみを考え、その利益を最大化する」という合理的な選択をすると、「自分に9千円、相手に1千円」という提案がなされ、受け入れられるものと予想しました。結果は、多くの人が相手に2千円～5千円を提案し、提案された側は、3千円の提案でも拒否する場合がありました。多数の研究結果のまとめによると、配分率は約40％、拒否率は約16％となりました（大垣昌夫他『行動経済学』有斐閣）。50％の提案だと拒否する人はいない一方、提案金額が低くなると、拒否率は高くなります。

低い提案がされた方は、自分の利益を犠牲にしてでも、相手に損をさせたかったと考えられます（非効率的）。経済的効率よりも社会的公平が選択されたのです。

利己的か利他的か

最後通牒ゲームで相手に相応の配分をしたのは、①「拒否されたら自分も受け取れない、だから、自分がトクするためには相手にも配分をしないといけない」という利己的動機と②「相手が喜ぶのがうれしい」「「利益は分け合うものだ」という利他的動機が考えられます。そこで、①を排除するために、提案された金額を相手は拒否できない「独裁者ゲーム」を行います。しかし、ここでも、相手への平均配分率は28%になりました（前掲書）。

提案の半数は利己的な10：0や9：1だったのですが、全体では必ず2～3割の配分がなされ、5割を配分する例もありました。被験者が、互いの顔を見ない、匿名の実験下でも、必ずゼロ以外の配分が見られました。これらは①の利己的動機ではなく、②の利他的動機によると考えられます。ヒトは、利他的な行動を取る時には「思いやり・同情」を感じ、「不公平・不公正」を感じると怒ります。脳科学の知見によれば、困っている人を助けてあげる時には、脳の線条体（報酬への反応や喜びにかかわる部分）が活性化していることがわかっています。つまり、よいことをするのは気持ちがいいのです。

公平は効率を支える土台

とうほう『テーマ別資料 政治・経済 2018』P102

資源配分 希少な資源を、どのような財やサービスの生産にあてたらよいか、いかに有効に利用するかという問題。これは、効率性という視点で考える。

所得配分 生産したものを、どのように分配したらよいかという問題。これは、公平性という視点で考える。

行動経済学は、感情と理性はトレードオフの関係ではなく、「感情は理性を支えるパートナー」だということを示しました。また、経済的効率性と公平性もトレードオフの関係ではありません。公平性を欠く取引は、怒りが生じて成立せず、取引は公平にならざるを得ません。公平性は経済的選択の動機づけであり、安心感や協同能力と関わっています。

マクロの市場は財・サービス市場、労働市場、貨幣／債券市場の三つです。どれも、効率性を追求する場である市場自体を、公平性が支えています。経済学者のアルバート・リースは、特に労働市場では、賃金や給与設定に関する要因で「圧倒的に重要なのは公平性」だとしています（アカロフ・シラー『アニマルスピリット』東洋経済新報社より）。

社会では協同・協力し、裏切者には自己犠牲をためらわずに罰をあたえ、公平性を土台にして共存共栄の戦略を取ることが、長い目で見れば人類全体の利益になることをゲーム理論と行動経済学が明らかにしました。公平性は、社会で後天的に学ぶという研究もあります（チューリッヒ大学エルンスト・フェール教授、アリゾナ大学アラン・サンフェイ教授などによる）。

プロスペクト理論

プロスペクト理論とは、ヒトは不確実な状況の下で、どのように選択するのかを説明した、行動経済学で最も知られた理論です。プロスペクトとは、予想や見通しを意味します。過去に経験したことのない場面や、未来を予想して考えなければならない場面では、ヒトは次のような判断過程をとると考えられています。

①編集プロセス　問題を交通整理

↓

②評価プロセス

a価値関数・結果の良し悪しを評価

b確率関数・起こりやすさを評価

↓

③選択　意思決定

まず①の編集プロセスで、情報を単純化します。ここではさまざまなバイアスがかかり、合理的にはいきません。次に②の評価プロセスで、主観的に評価します（客観性は少ない）。結果の良し悪しはａ「価値関数」、起きる確率はｂ「確率関数」を使います。最後に③選択を行います。

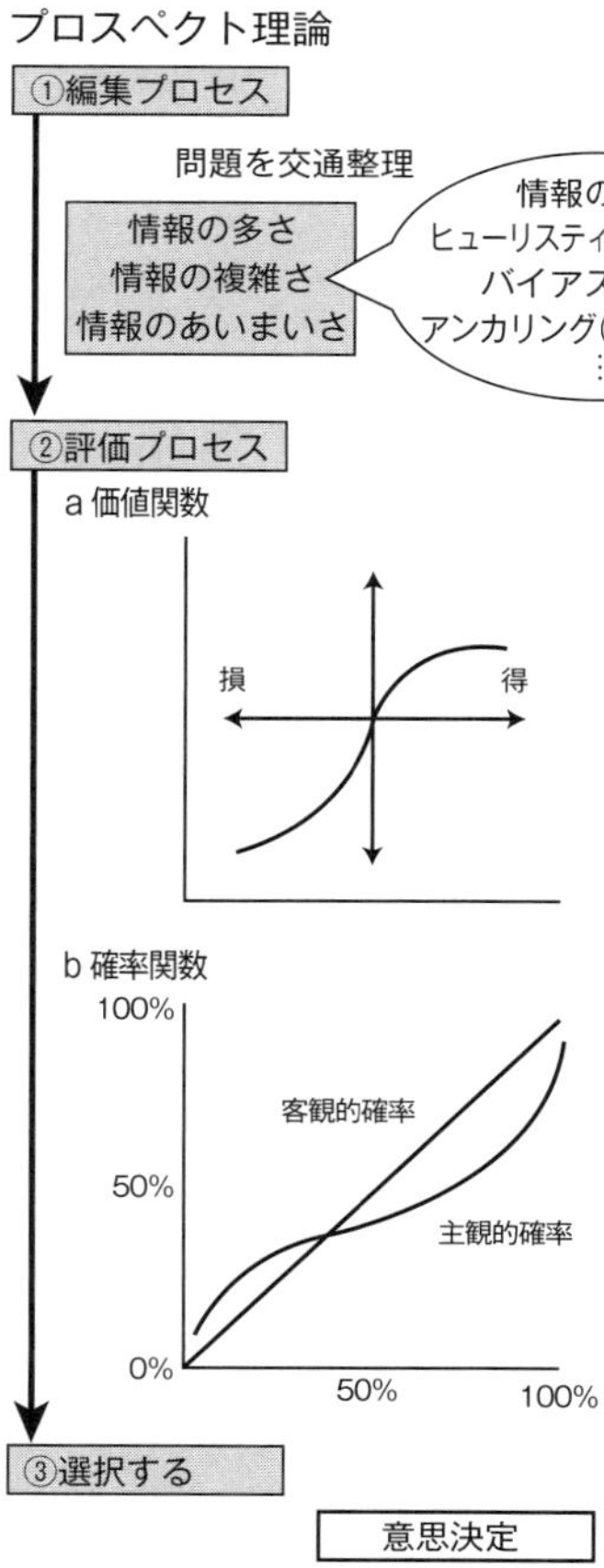

編集プロセス

ヒトは全く白紙の状態から決断するわけではありません。個々の選択肢を選ぶ場合、じっくりと検討するのではなく、いくつかのパターンを用意して、それに従って決断するのです。限られた時間の中で、直感的に意思決定をする際の基準をヒューリスティックと言います。いわば思考のショートカット方法、単純化です。ヒューリスティックは判断スピードが速いため、便利なのです。

さらに、ヒトは、単純な数字や、周りの判断、過去の経験則に引きずられてしまいます。後で挙げるバイアスやハロー効果、クライマックス効果などと言われるものです。編集と呼ばれるプロセスでは、これらのようにいろいろな矛盾が起こってしまいます。この単純化は、必ずしも合理的ではないのです。

・例1　代表制ヒューリスティックス

宝くじで「222222番」と「385004番」では、当選確率は同じはずなのに、後者を選んでしまう。ゾロ目になることはないという、イメージに引きずられる。

・例2　アンカリング

テレビショッピングで「この掃除機は今まで5万円でした」と、5万円という価格を印象付ける（アンカー）。その後に「今日は3万9000円で提供します」と言われると「安い」と感じてしまう。賃貸物件の紹介、高級商品も同じ。判断基準点が固定化される。

代表的な事例

①ヒューリスティック

a利用可能性：頭に思い浮かびやすい例で判断する。例えば事件の報道が多いと「刑法犯が増えている」と考える。

b代表性：一部の事例で、全体を代表しているものと判断する。星占いや血液型占い。

c確証：正しそうな答えを見つけたら、間違いないと思い込む。

②アンカリング　与えられた最初の情報を基準に、それと比較して判断する。

③フレーミング　枠組みで、判断が左右される。「90％の雇用」と「10％の失業」は同じ意

味。

④**ハーディング**　店に客が行列していたら、おいしい店と判断してしまう。

⑤**美徳財・悪徳財**　商品表示に「油分70％カット」と「油分30％含有」があったら、前者を選んでしまう。

⑥**投影バイアス**　空腹時にスーパーに行くと、必要以上の食材を購入してしまう。

⑦**ハロー効果**　極めて限定的な情報（学歴や会社名）で、判断する。

⑧**ハウスマネー効果**　ギャンブルや宝くじで得たお金は、散財してしまう。

⑨**クライマックス効果**　多量の情報で決定したが、最後の友人の一言が大きく影響する。

⑩**時間的非整合性**　将来の目標（ダイエット・貯蓄）よりも、目先の利得を追ってしまう。

⑪**極端回避バイアス**　真ん中を選んでしまう。商品のコースに「松・竹・梅」とあったら、「松」はおとり商品で、店が売りたいのは「竹」。

⑫**確証バイアス**　選択後、その正しさを裏付ける情報を集める。購入後、同商品の価格が気になるなど。

⑬**サンクコスト**　これだけ費用がかかったからと、引くに引けなくなる。企業が赤字プロジェクトを止められない。

評価プロセス——価値関数

「価値関数」のグラフは、S字型になっています。第3章で取り上げた限界効用の関数との違いを見てみましょう。

私たちは、無意識のうちに、相対的に考えています。それは、何事にも自分で「基準点・参照点」をつけてしまい、そこから評価するというものです。これが「価値関数」のグラフです。価値とは、絶対値ではなく、相対値で考えてしまうことです。

18℃という絶対値の気温は、春先なら「暖かいなあ」と感じます。一方、秋口の18℃なら、「寒いなあ」と感じます。温度の基準点が、主観で変わるのです。

消費者の心理についても考えてみましょう。2500円のTシャツが「本日限り1200円値引き」だったとします。私たちは、そのようなチラシを見て「安い！」「トクだ！」と思えば、車に乗ってでもわざわざ買い物に出かけます。

ところが同じ1200円でも「5万円のスーツが本日限り1200円値引き！」となると、わざわざ買いに行くことにはなりません。「本日卵120円のところ15円！」という価格を目当てに自転車を走らせて、「疲れたからご褒美」といってアイスを買うこともやってしまいます。財布の中の1200円は同じ（絶対値）なのに、心の中の1200円は違う（相対値）なのです。

効用・満足度は、絶対的な基準点ではなく、心の基準点で動かしています。この基準点のことを参照点といいます。さらに、心の価値関数ですから、マイナスも加えます。残念度、「がっかり」度です。そうして出来上がった「価値関数」を示すグラフが、下図です。参照点を中心にS字型の形になります。

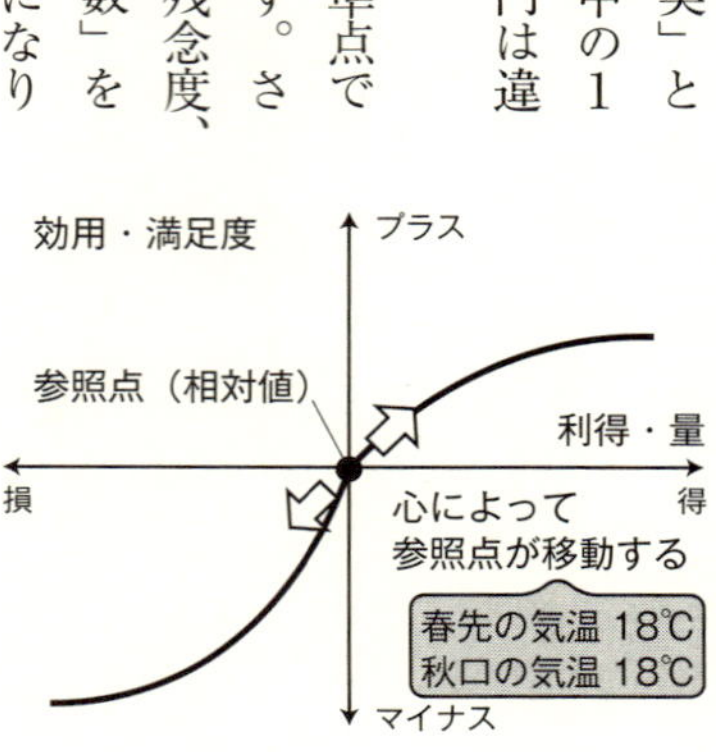

プラスよりマイナス面の方が、カーブがきつくなっているのは、得るよりも失う方が、ダメージが大きいことを示しています（例えば、離婚は結婚の3倍疲労する）。また、参照点から離れれば、カーブが緩く（感覚マヒに）なります。5千万円の家を購入する場合、プラス30万円のオプションのキッチンセットを安く感じて付けてしまう理由がこれです。

評価プロセス——確率関数

客観的確率に対して、ヒトには主観的確率があります。客観的確率との歪み・乖離を示したグラフを確率関数と言います。

本来であれば、客観的確率と主観的確率は同じになるはずです。コインを投げたときに裏表が出る確率は1／2です。この時の客観的確率は45度線になります。

しかし、「裏裏裏裏裏」と出た後に、「次は?」と聞かれれば、ヒトはたいてい「表が出るに違いない」と、1／2以上の確率で「表」を予想してしまいます。これが、主観的確率線の歪み・乖離になります（もちろん本当は、次も裏表が出る確率は1／2ずつです）。

次ページの確率関数のグラフのA部分のように、確率が小さくなると、その確率を過大に見積もってしまいます。例えば、飛行機事故が起こるのは200万回に1回とされます。すなわち客観的確率は0・00005％です。しかし、一度事故が起きたら報道の印象が強いため、実際の確率よりも大きく見積もってしまうのです。

また、日本で自動車死亡事故に遭うのは1・4万人に1人で、客観的確率は0・007

%です。自動車死亡事故は、飛行機事故に遭う確率より圧倒的に高い（143倍）のに、飛行機は危険な乗り物という主観的判断をしてしまいがちなのです。高額の宝くじが当たると思ってしまうのも、同様の理由です。

逆にグラフB部分のように客観的確率が高い場合には、わずかの差を主観的に大きく見積もってしまいます。①確実に100万円得る、②89%の確率で100万円得る＋10%の確率で250万円得る＋ただし1%の確率で何ももらえない、とします。客観的確率が1%と低い場合、そのリスクを回避して①を選ぶ人が多くなります（モーリス・アレのパラドックスといわれています）。A部分の宝くじとは逆の行動をとるのです。

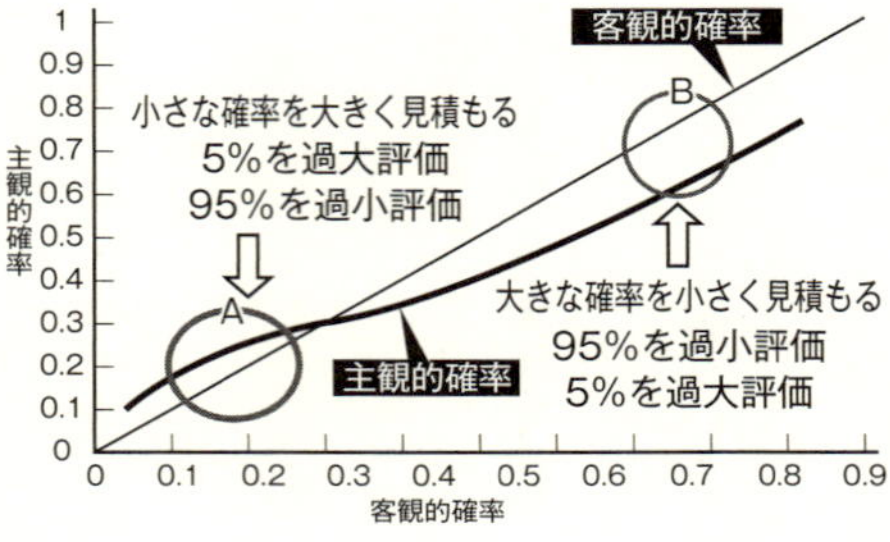

客観的確率が大きいBの領域ではリスク回避的になり、客観的確率が小さいAの領域ではリスク追求的になるのです。

プロスペクト理論による決定は、主観的確率に左右されるものなのです。

おわりに

いかがでしたか。中学生・高校生が学んでいる経済学を、彼らが使っている教材に基づいて、解説してきました。

「思いのほか簡単だ」と感じた方や、「案外難しい」と感じた方など、さまざまな印象を持たれたことと思います。

原点に戻ると、経済活動とは、「分業して交換」することです。これがなければ、私たちの生活が成り立ちません。

例えば、代表制民主主義システム、間接民主制です。国会で一会期に提出される法律案は、100本を超えます。これを直接民主制にすると、3日に1回の割合で、採決をしなければなりません。地方議会も加えると、さらに膨大な法案・条例数になります。これを、忙しい現役世代が一つ一つの中身を精査して決定を下すのは、不可能です。だから、分業し、選ばれた代表者に政治をゆだねているのです（ただし、そこには「情報の非対称性」があり、〝こんな政治家を選んだつもりはなかった！〟という事態が起きることは、本質的に避けられません）。

この分業のおかげで、政治家は政策に詳しくなり、医師は専門科に詳しくなり、整備士は自動車の構造に詳しくなり……といった具合で、いわゆる「ベテラン」になれるのです。私たちは、交換（経済活動）するときに、できればベテランに仕事をゆだねたいと思います。それを可能にするのが分業システムです。

今の経済学は、「マクロのミクロ的基礎付け」が必須です（第4章）。この理論を実際に応用したのが、コンピュータです。コンピュータは、全ての事象をいったんバラバラ（ミクロ化）にし、そこから全体像（マクロ）を結果として示します。

すべてをパーツ化し（ミクロに落とし込み）、それを組み立てる（マクロ化する）というシステムが、現代ビジネスのやり方です。例えばアップルのｉＰｈｏｎｅの製造は、台湾系企業の中国工場で行われています。そこでできあがった製品をアメリカが輸入し、「アメリカ製」として販売しているのです。ｉＰｈｏｎｅシリーズは２０１７年、米国の対中貿易赤字全体の約４・４％を占めます。ただし、人気のｉＰｈｏｎｅ Ｘは、小売価格１２００ドルのうち製造コストは約４００ドルにすぎません。ｉＰｈｏｎｅはやはりアメリカ製なのです。自前主義は採用していません。

逆に、三菱重工の豪華客船やMRJジェット旅客機の製造が、「自前」にこだわるあまり、失敗してしまいました。客船各室のネット接続設備やセキュリティーシステム、ビール醸造装置、蛇口をひねるとワインが出てくる仕掛けなど、本来は造船業者が一から作り出すものではありません。またMRJの開発では、「ここまで費用をかけたのだから、自前でやらないともったいない」という「サンク・コスト」の呪縛に陥っており、これは戦中の「あれだけ犠牲を払ったのだから、満州を何が何でも維持しなければならない」とした旧日本軍の精神と全く同じです。機会費用を全く考えていません。「自前一貫主義」は高度成長期に終わったシステムです。

とはいえ、経済学には重大な難点があります。それは「経済学の半分は、予測不可能(数値化できない)」というものです。マクロ経済学では、「未来」という計測不能なものが半分を占めています。ミクロ経済学では、需給曲線の半分、すなわち需要曲線は「消費者の主観」で導き出されました。「好き／嫌い」「かっこいい／かっこ悪い」「正しい／間違い」……これらは、どんなに科学(経済学)が進んでも、数値化できません。経済学の半分は、このようなあやふやなものに支配されていますので、純粋な科学には永遠になれません。

P・クルーグマン『経済政策を売り歩く人々』ちくま学芸文庫　2009

経済学者は、どうすればハイパーインフレーションを避けられるかといった助言は確実にできるし、不況の回避方法も、たいていの場合教えることはできる。しかし、貧しい国をいかに豊かな国にするかということや、経済成長を再現させるにはどうしたらよいかといった問題に関する解決策はいまだにない。

デヴィッド・モス『世界のエリートが学ぶマクロ経済入門』日本経済出版社　2016

経済学者は多くのことを私たちに教えてくれるが、もちろん未来を見通す水晶玉を持っているわけではない。……経済学をよく理解することは経済をより体系的・生産的な形で考える助けになるが、それでも日々の経済活動を形作っている不確実性や無数のショック、想定外の出来事などをなくすことはできない。……経済学的な思考の力と限界の両方を……十分に理解していただけることを願っている。

グリーンスパン元FRB議長　1987年8月

「常にインフレを抑え、株価を上げ、ドルの安定や低金利、雇用増を実現できる人がいればありがたい」

経済学の限界を見定めつつ、その知見を活かしてくだされば幸いです。

菅原　晃

2018年6月

菅原　晃 すがわら・あきら
1965年生まれ。慶應義塾大学経済学部卒業。玉川大学大学院文学部修士課程(教育学専攻)修了。現在、北海道の公立高等学校の教諭を務める。『高校生からわかるマクロ・ミクロ経済学』が大きな評判を呼び、ベストセラーに。経済学の本質をわかりやすく伝える骨太の解説に定評がある。2015年、経済教育学会賞(経済部門)受賞。

朝日新書
675

中学の教科書から学ぶ
経済学《けいざいがく》サク分《わ》かり

2018年7月30日第1刷発行

著　者　菅原　晃

発行者　須田　剛
カバーデザイン　アンスガー・フォルマー　田嶋佳子
印刷所　凸版印刷株式会社
発行所　朝日新聞出版
〒104-8011　東京都中央区築地5-3-2
電話　03-5541-8832（編集）
　　　03-5540-7793（販売）

Published in Japan by Asahi Shimbun Publications Inc.
ISBN 978-4-02-273775-5
定価はカバーに表示してあります。

落丁・乱丁の場合は弊社業務部(電話03-5540-7800)へご連絡ください。
送料弊社負担にてお取り替えいたします。